ULTIMATNA OTOŠKA KUHARSKA KNJIGA

100 receptov z otokov Indijskega, Atlantskega in Tihega apša

Milena Majcen

Avtorski material ©2024

Vse pravice pridržane

Nobenega dela te knjige ni dovoljeno uporabljati ali prenašati v kakršni koli obliki ali na kakršen koli način brez ustreznega pisnega soglasja založnika in lastnika avtorskih pravic, razen kratkih citatov, uporabljenih v recenziji. Ta knjiga se ne sme obravnavati kot nadomestilo za zdravniški, pravni ali drug strokovni nasvet.

KAZALO

KAZALO 3
UVOD 7
ATLANTSKI APĂ 8
   1. Svež atlantski losos 9
   2. Atlantska morska paella 11
   3. Thieboudienne/Chebu jën 13
   4. Klasična newyorška juha iz školjk 16
   5. Ribji takosi iz atlantske polenovke 18
   6. Ocvrte ostrige 20
   7. Sherry kozica 22
   8. Torte z modro rakovico iz Atlantika 24
   9. Toast s kozicami 26
   10. Atlantski ražnjiči z mečarico 28
   11. Zavitek za zajtrk s špinačo in feto 30
   12. Sredozemska solata s tuno in belim fižolom 32
   13. Pečen losos 34
   14. Ceviche iz atlantske modre ribe 37
   15. Prepražena kozica in špinača 39
   16. Trail Mix 41
   17. Atlantski losos na žaru 43
   18. Atlantska školjka Linguine 45
   19. Rolada iz atlantskega jastoga 47
TIHI APĂ 49
   20. Pacific Ahi Poke Castron 50
   21. Takosi s pacifiško morsko ploščo 52
   22. Teriyaki nabodala s pacifiškim lososom 54
   23. Solata z rakovico Pacific Dungeness 56
   24. Pacifiška paella 58
   25. Ceviche iz bele ribe 60
   26. Začinjen mariniran Ceviche 62
   27. Ceviche iz črne školjke 64

28. Trucha a la Plancha/postrvi na žaru 66
29. Parihuela/juha z morskimi sadeži 68
30. Juha s kozicami 71
31. ribja juha 74
32. Morski riž 77
33. Vložene ribe 80
34. Vijolični koruzni puding 83
35. Koka čaj 85
36. Puding iz kvinoje 87
37. Ocvrti trpotci 89
38. Yuca Fries 91
39. Lima fižol v koriandrovi omaki 93
40. Jagnječja enolončnica 95
41. Adobo/Marinirana svinjska enolončnica 98
42. Goveje srce na žaru Nabodala 100

INDIJSKI APĂ 102

43. Čevda 103
44. Kenijec Nyama Choma 106
45. ribji paprikaš 108
46. Ingverjevo pivo 110
47. Masala omleta 112
48. Ch ai Mai rece 114
49. Paratha, polnjena s cvetačo 116
50. S špinačo polnjen kruh 118
51. Okusna počena pšenica z indijskimi oreščki 120
52. Chai začinjena vroča čokolada 123
53. Palačinke iz čičerikine moke 125
54. Krema iz pšeničnih palačink 127
55. Masala Tofu Premešati 130
56. Sladke palačinke 132
57. Chai Mleko kaša 134
58. Začinjena pokovka na štedilniku 136
59. Praženi oreščki masala 138
60. S čajem začinjeni praženi mandlji in indijski oreščki 140
61. Pečeni zelenjavni kvadratki 142
62. Chai začinjeni praženi oreščki 144

63. Namak iz pečenih jajčevcev 146
64. Začinjene polpete iz sladkega krompirja 149
65. Sharonini sendviči z zelenjavno solato 152
66. Sojin jogurt Raita 154
67. Začinjen tofu in paradižnik 156
68. Krompirjeva kaša iz kumine 158
69. Krompirjeva kaša z gorčičnim semenom 160
70. Zelje z gorčičnimi semeni in kokosom 162
71. Stročji fižol s krompirjem 164
72. Jajčevci s krompirjem 166
73. Osnovni zelenjavni curry 169
74. Masala brstični ohrovt 171
75. Pesa z gorčičnimi semeni in kokosom 173
76. Naribana buča Masala 175
77. Prasketanje Okra 177
78. Začinjena zelena juha 179
79. Krompirjev, cvetačni in paradižnikov kari 181
80. Začinjena juha iz leče 183
81. Paradižnikova in kuminova juha 185
82. Začinjena bučna juha 187
83. Začinjen paradižnik Rasam 189
84. Juha iz koriandra in mete 191
85. Bučni curry s pikantnimi semeni 193
86. Tamarind ribji kari 195
87. Losos v kariju z okusom žafrana 197
88. Okra Curry 199
89. Zelenjavni kokosov curry 201
90. Zelje Curry 203
91. Cvetačni kari 205
92. Cvetačni in krompirjev kari 207
93. Bučni kari 209
94. Premešajte zelenjavo 211
95. Paradižnikov curry 213
96. Curry iz bele buče 215
97. Mešanica zelenjave in curryja iz leče 217
98. Ananasovo-ingverjev sok 219
99. Sok iz pasijonke 221

100. Tilapia Fry 223
ZAKLJUČEK.. 225

UVOD

Odpravite se na kulinarično potovanje po prostranih in raznolikih apăih z "Ultimatna Otoška Kuharska Knjiga", zbirko, ki vam prinaša 100 izvrstnih receptov z otokov Indijskega, Atlantskega in Tihega apăa. Ta kuharska knjiga je vaš potni list za bogato tapiserijo okusov, ki opredeljujejo gastronomske čudeže otokov, raztresenih po teh mogočnih apăih. Pridružite se nam, ko slavimo raznolikost, tradicijo in edinstvena kulinarična doživetja, zaradi katerih je otoška kuhinja pravi zaklad.

Predstavljajte si s soncem obsijane plaže, ritmične zvoke apăskih valov in živahne tržnice, polne svežih tropskih sestavin. »Ultimatna Otoška Kuharska Knjiga« ni le zbirka receptov; gre za raziskovanje različnih okusov, ki izhajajo iz zbliževanja kultur, pokrajin in bogastva apăov. Ne glede na to, ali sanjate o jedeh, polnih začimb iz Indijskega apăa, morskih dobrotah z atlantskih otokov ali tropskih okusih pacifiških otokov, so ti recepti oblikovani tako, da vas popeljejo v osrčje otoškega življenja.

Od aromatičnih karijev do pojedin z morskimi sadeži na žaru in od osvežilnih koktajlov do dekadentnih sladic, vsak recept je praznovanje edinstvene kulinarične dediščine otokov. Ne glede na to, ali načrtujete tropsko pojedino, poustvarjate najljubše počitniške jedi ali preprosto želite svojemu dnevnemu jedilniku dodati pridih otoka, je »Ultimatna Otoška Kuharska Knjiga« vaš vir, s katerim lahko ujamete bistvo otoškega življenja v svojem kuhinja.

Pridružite se nam, ko se potapljamo v apăe, raziskujemo živahne kulture otoškega življenja in uživamo v izjemnih okusih, zaradi katerih je otoška kuhinja nepozabno doživetje. Torej, zberite svoje eksotične začimbe, objemite svežino tropskega sadja in se podajte na kulinarično popotovanje skozi »Ultimatna Otoška Kuharska Knjiga«.

ATLANTSKI APĂ

1.Svež atlantski losos

SESTAVINE:
- 3 Lososovi fileji
- 1 žlica maslo
- ¼ čajne žličke sol
- ½ skodelice Začinjena moka
- 1 žlica Na kocke narezan paradižnik
- 1 žlica Narezana zelena čebula
- 1 žlica Narezana goba
- 2 žlici Belo vino za kuhanje
- ½ Sok majhne limone
- 2 žlici Mehko maslo

NAVODILA:
a) Lososa narežemo na tanke rezine. Lososa začinite s soljo in potresite v moki.
b) Z vsake strani na hitro popečemo na maslu in odstranimo. Dodamo narezane gobe, paradižnik, zeleno čebulo, limonin sok in belo vino.
c) Zmanjšajte toploto približno 30 sekund. Vmešajte maslo in omako postrezite čez lososa.

2.Atlantska morska paella

SESTAVINE:
- 1 skodelica riža Arborio
- 1/2 lb kozic, olupljenih in očiščenih
- 1/2 lb školjk, očiščenih
- 1/2 lb lignjev, očiščenih in narezanih
- 1 čebula, narezana na kocke
- 2 paradižnika, sesekljana
- 3 stroki česna, sesekljani
- 2 skodelici piščančje juhe
- 1 čajna žlička žafranove niti
- 1/2 čajne žličke dimljene paprike
- Sol in poper po okusu

NAVODILA:
a) V ponvi za paello prepražimo čebulo in česen, dokler se ne zmehčata.
b) Dodajte paradižnik, riž, žafran in papriko ter mešajte 2 minuti.
c) Zalijemo s piščančjo juho in pustimo vreti.
d) Po rižu razporedimo kozice, školjke in lignje.
e) Pokrijte in kuhajte, dokler se riž ne zmehča in morski sadeži skuhajo.

3.Thieboudienne/Chebu jën

SESTAVINE:
- 2 funta Cela riba (ali fileji, glejte različice), očiščena
- 1/4 skodelice peteršilja, drobno sesekljanega
- 2 ali 3 drobno sesekljane pekoče čili paprike
- 2 ali 3 stroki česna, mleto
- Sol in poper, začinite
- 1/4 skodelice arašidovega, rdečega palmovega ali rastlinskega olja
- 2 čebuli, sesekljani
- 1/4 skodelice paradižnikove paste
- 5 skodelic juhe ali vode
- 3 korenje, narezano na kolobarje
- 1/2 glavice zelja, narezanega na kolesca
- 1/2 funta buče ali zimske buče, olupljene in narezane na kocke
- 1 jajčevec, narezan na kocke
- 2 skodelici riža
- Sol in poper, začinite
- 3 limone, narezane na kolesca

NAVODILA:

a) Ribe znotraj in zunaj sperite s hladno vodo in jih posušite. Zarežite tri diagonalne poševnice približno 1/2 palca globoko na vsaki strani ribe. Zmešajte sesekljan peteršilj, čili papriko, česen, sol in poper ter mešanico (imenovano roff) nadevajte v rezine rib.

b) V veliki, globoki posodi segrejte olje na srednje močnem ognju. Ribo na segretem olju popečemo z obeh strani in jo odstranimo na krožnik.

c) Na vroče olje dodajte sesekljano čebulo in jo pražite, dokler ni kuhana in šele začne rjaveti, 5 do 7 minut. Vmešajte paradižnikovo pasto in približno 1/4 skodelice vode ter kuhajte še 2 do 3 minute.

d) Primešajte osnovo ali vodo, korenje, zelje, bučo in jajčevce ter na zmernem ognju dušite 35 do 45 minut oziroma dokler ni zelenjava kuhana in mehka. Dodamo popečene ribe in dušimo še približno 15 minut. Odstranite ribe in zelenjavo ter približno 1 skodelico juhe na krožnik, pokrijte in postavite v toplo pečico.

e) Precedite preostalo juho in zavrzite trdne snovi. V juho dodajte toliko vode, da dobite 4 skodelice, in jo vrnite na toploto. Juho zavremo, vanjo stresemo riž ter začinimo s soljo in poprom. Zmanjšajte toploto na srednje nizko, pokrijte in dušite 20 minut oziroma dokler riž ni kuhan in mehak.

f) Kuhan riž razporedite po velikem servirnem krožniku, vključno z morebitnimi hrustljavimi koščki (xooñ), ki se držijo dna pekača. Zelenjavo razporedite po sredini riža in na vrh položite ribe. Na koncu vse skupaj zalijemo s prihranjeno juho. Postrezite z rezinami limone. Ceebu jen se tradicionalno jedo z rokami iz skupnega servirnega krožnika.

4. Klasična newyorška juha iz školjk

SESTAVINE:
- 2 rezini slanine, sesekljani
- 1 čebula, sesekljana
- 2 korenčka, narezana na kocke
- 2 stebli zelene, narezani na kocke
- 2 stroka česna, nasekljana
- 1 čajna žlička posušenega timijana
- 3 skodelice narezanega krompirja
- 2 pločevinki (po 10 oz) sesekljanih školjk s sokom
- 1 pločevinka (28 oz) zdrobljenega paradižnika
- 2 skodelici piščančje ali zelenjavne juhe
- Sol in poper po okusu

NAVODILA:
a) V večjem loncu skuhamo slanino, da hrustljavo zapeče. Dodajte čebulo, korenje, zeleno in česen. Kuhajte, dokler se zelenjava ne zmehča.
b) Vmešajte timijan, krompir, školjke

5. Ribji takosi iz atlantske polenovke

SESTAVINE:
- 1 lb filejev atlantske polenovke
- 1 skodelica večnamenske moke
- 1 čajna žlička čilija v prahu
- 1/2 čajne žličke kumine
- 1 skodelica narezanega zelja
- 1/2 skodelice narezanega paradižnika
- 1/4 skodelice sesekljanega cilantra
- Rezine limete
- Koruzne tortilje

NAVODILA:
a) V skledi zmešamo moko, čili v prahu in kumino.
b) Fileje polenovke potopite v mešanico moke in otresite odvečno količino.
c) Polenovko na olju prepražimo do zlato rjave barve in popečemo.
d) Pogrejte tortilje in sestavite takose s trsko, zeljem, paradižnikom in koriandrom.
e) Postrezite z rezinami limete.

6. Ocvrte ostrige

SESTAVINE:
- 1 pol litra svežih ostrig
- 1 skodelica moke
- 1/2 čajne žličke soli
- 1/4 čajne žličke črnega popra
- 2 jajci, pretepeni
- 1/4 skodelice mleka
- Olje, za cvrtje

NAVODILA:
a) Ostrige oplaknite in jih osušite s papirnato brisačo.
b) V skledi zmešajte moko, sol in poper.
c) V drugi posodi stepemo jajca in mleko.
d) Ostrige potopite v mešanico moke, nato v jajčno mešanico in nato nazaj v mešanico moke.
e) V globoki ponvi na srednje močnem ognju segrejte olje.
f) Na segretem olju ocvremo ostrige na obeh straneh, da zlato porjavijo.
g) Odcedimo na papirnatih brisačah in vroče postrežemo.

7. Sherry kozica

SESTAVINE:
- ½ palčke masla
- 5 strokov česna, strtih
- 1-1½ funtov kozic; oluščeno in deveinirano
- ¼ skodelice svežega limoninega soka
- ¼ čajne žličke popra
- 1 skodelica šerija za kuhanje
- 2 žlici sesekljanega peteršilja
- 2 žlici sesekljanega drobnjaka
- Sol po okusu

NAVODILA:
a) V ponvi na srednjem ognju stopite maslo. Dodajte česen, kozice, limonin sok in poper.
b) Med mešanjem kuhajte, dokler kozica ne postane rožnata (približno minut).
c) Dodajte šeri za kuhanje, peteršilj in drobnjak. Pustite, da zavre.
d) Postrezite takoj nad kuhanim rižem.
e) Okrasite z limono.

8.Torte z modro rakovico iz Atlantika

SESTAVINE:
- 1 lb mesa atlantskega modrega raka
- 1/2 skodelice drobtin
- 1/4 skodelice majoneze
- 1 žlica dijonske gorčice
- 1 jajce, pretepeno
- 2 žlici sesekljanega peteršilja
- Sol in poper po okusu
- Limonine rezine za serviranje

NAVODILA:
a) V skledi zmešajte rakovo meso, drobtine, majonezo, gorčico, jajce, peteršilj, sol in poper.
b) Zmes oblikujte v rakove pogače.
c) V ponvi segrejemo olje in na obeh straneh zlato rjavo spečemo rakovice.
d) Postrezite z rezinami limone.

9.Toast s kozicami

SESTAVINE:
- 6 angleških mafinov, popečenih in razdeljenih
- 4½ unč kozic v pločevinkah, odcejenih
- 2½ žlici majoneze
- Česen v prahu po okusu
- 1 palčka margarine
- 1 kozarec KRAFT "staroangleškega" sira

NAVODILA:
a) Premešamo na ognju in namažemo na polovice mafinov.
b) Pražite do zlate barve in razrežite na 4.
c) To lahko naredite vnaprej in zamrznete.

10. Atlantski ražnjiči z mečarico

SESTAVINE:
- 1 lb atlantske mečarice, narezane na koščke
- 1 paprika, narezana na kocke
- 1 rdeča čebula, narezana na koščke
- češnjev paradižnik
- 1/4 skodelice olivnega olja
- 2 žlici limoninega soka
- 2 žlički posušenega origana
- Sol in poper po okusu

NAVODILA:
a) Žar segrejte na srednje visoko temperaturo.
b) Na nabodala nanizajte mečarico, papriko, rdečo čebulo in češnjeve paradižnike.
c) V skledi zmešajte olivno olje, limonin sok, origano, sol in poper.
d) Kebabe pečemo na žaru 8-10 minut, občasno obračamo in polivamo z mešanico oljčnega olja.
e) Postrezite toplo.

11. Zavitek za zajtrk s špinačo in feto

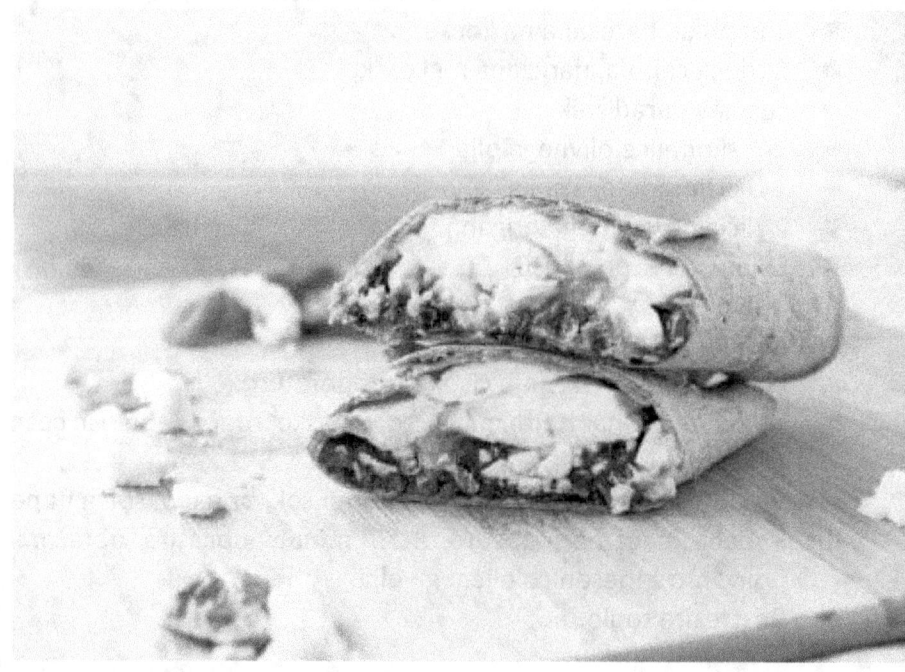

SESTAVINE:
- 2 veliki jajci
- 1 skodelica svežih listov špinače
- 2 žlici zdrobljenega feta sira
- 1 polnozrnata tortilja
- 1 žlica olivnega olja
- Sol in poper po okusu

NAVODILA:
a) V ponvi na srednjem ognju segrejte olivno olje.
b) Dodamo sveže liste špinače in kuhamo, dokler ne oveni.
c) V skledi stepemo jajca in jih stresemo v ponev s špinačo.
d) Po jajcih potresemo feta sir in kuhamo toliko časa, da se rahlo stopi.
e) Mešanico jajc in špinače položite v polnozrnato tortiljo, jo zvijte in postrezite kot zavitek.

12. Sredozemska solata s tuno in belim fižolom

SESTAVINE:
- 1 pločevinka (6 unč) tune v vodi, odcejena
- 1 pločevinka (15 unč) belega fižola, odcejenega in opranega
- ½ skodelice češnjevih paradižnikov, prepolovljenih
- ¼ skodelice rdeče čebule, drobno sesekljane
- 2 žlici sveže nasekljane bazilike
- 2 žlici ekstra deviškega oljčnega olja
- 1 žlica rdečega vinskega kisa
- 1 strok česna, sesekljan
- Sol in poper po okusu

NAVODILA:
a) V skledi zmešajte odcejeno tunino, beli fižol, češnjev paradižnik, rdečo čebulo in svežo baziliko.
b) V majhni skledi zmešajte olivno olje, rdeči vinski kis, sesekljan česen, sol in poper.
c) Preliv pokapajte po solati in premešajte, da se združi.
d) To sredozemsko solato s tuno in belim fižolom postrezite kot okusno in beljakovinsko kosilo.

13. Pečen losos

SESTAVINE:
ZA PEČENEGA LOSOSA:
- 2 fileja lososa (6 unč vsak)
- 2 stroka česna, nasekljana
- 2 žlici ekstra deviškega oljčnega olja
- 1 limona, iztisnjen sok
- 1 čajna žlička posušenega origana
- Sol in poper po okusu

ZA GRŠKO SOLATO:
- 1 kumara, narezana na kocke
- 1 skodelica češnjevih paradižnikov, prepolovljena
- ½ rdeče čebule, drobno sesekljane
- ¼ skodelice oliv Kalamata, brez koščic in narezanih
- ¼ skodelice zdrobljenega feta sira
- 2 žlici ekstra deviškega oljčnega olja
- 2 žlici rdečega vinskega kisa
- 1 čajna žlička posušenega origana
- Sol in poper po okusu

NAVODILA:
ZA PEČENEGA LOSOSA:
a) Pečico segrejte na 375 °F (190 °C).
b) V majhni skledi zmešajte sesekljan česen, ekstra deviško oljčno olje, limonin sok, posušen origano, sol in poper.
c) Lososove fileje položite na pekač, obložen s pergamentnim papirjem.
d) Lososa premažite z mešanico limone in česna.
e) Pečemo 15-20 minut ali dokler se losos zlahka ne razkosmi z vilicami.

ZA GRŠKO SOLATO:
f) V veliki skledi za solato zmešajte na kocke narezano kumaro, češnjev paradižnik, rdečo čebulo, olive Kalamata in nadrobljen feta sir.
g) V majhni skledi zmešajte ekstra deviško oljčno olje, rdeči vinski kis, posušen origano, sol in poper.
h) Preliv pokapajte po solati in premešajte, da se združi.
i) Pečenega lososa postrežemo zraven grške solate.

14. Ceviche iz atlantske modre ribe

SESTAVINE:
- 1 lb filejev atlantske modre ribe, narezanih na kocke
- 1 skodelica limetinega soka
- 1 rdeča čebula, drobno sesekljana
- 1 kumara, narezana na kocke
- 1 jalapeño, brez semen in zmlet
- 1/4 skodelice sesekljanega cilantra
- Sol in poper po okusu
- Tortilja čips za serviranje

NAVODILA:
a) V skledi zmešajte modro ribo, limetin sok, čebulo, kumaro, jalapeño, koriander, sol in poper.
b) Hladite vsaj 1 uro, da se ribe "skuhajo" v soku citrusov.
c) Postrezite ohlajeno s tortiljinim čipsom.

15. Prepražena kozica in špinača

SESTAVINE:
- 8 unč velikih kozic, olupljenih in razrezanih
- 2 žlici ekstra deviškega oljčnega olja
- 2 stroka česna, nasekljana
- 6 skodelic sveže špinače
- ½ skodelice češnjevih paradižnikov, prepolovljenih
- 1 žlica limoninega soka
- ½ čajne žličke posušenega origana
- Sol in poper po okusu
- 1 do 2 po dolžini razpolovljeni bučki, narezani na ½ lune
- 1 skodelica kuhane čičerike iz konzervirane čičerike, odcejene
- Krhlji feta sira (neobvezno)
- Pest svežih listov bazilike, natrganih

NAVODILA:
a) V veliki ponvi segrejte ekstra deviško oljčno olje na srednje močnem ognju.
b) Dodamo sesekljan česen in pražimo približno 30 sekund, da zadiši.
c) Dodajte rezine bučk in kuhajte 3-4 minute oziroma dokler se ne začnejo mehčati in rahlo porjaveti.
d) Bučko potisnemo ob stran ponve in dodamo kozico.
e) Pecite 2-3 minute na vsaki strani ali dokler ne postanejo rožnate in neprozorne.
f) V ponev dodajte čičeriko, češnjeve paradižnike in svežo špinačo. Pražimo toliko časa, da špinača oveni in se paradižniki zmehčajo.
g) Pokapljamo z limoninim sokom in potresemo s posušenim origanom, soljo in poprom.
h) Premešajte, da se združi in kuhajte še dodatno minuto.
i) Pred serviranjem po želji potresemo z drobtin feta sira in natrganimi lističi sveže bazilike.

16. Trail Mix

SESTAVINE:
- 1 skodelica surovih mandljev
- 1 skodelica surovih indijskih oreščkov
- 1 skodelica nesoljenih pistacij
- ½ skodelice posušenih marelic, sesekljanih
- ½ skodelice suhih fig, sesekljanih
- ¼ skodelice zlatih rozin
- ¼ skodelice narezanih na soncu posušenih paradižnikov
- 1 žlica olivnega olja
- ½ čajne žličke mlete kumine
- ½ čajne žličke paprike
- ¼ čajne žličke morske soli
- ¼ čajne žličke črnega popra

NAVODILA:
a) Pečico segrejte na 325 °F (163 °C).
b) V veliki skledi zmešajte mandlje, indijske oreščke in pistacije.
c) V majhni skledi zmešajte oljčno olje, mleto kumino, papriko, morsko sol in črni poper.
d) Začimbno mešanico pokapljajte po oreščkih in premešajte, da se enakomerno prekrijejo.
e) Začinjene oreščke razporedite po pekaču v eni plasti.
f) Oreščke pražimo v predhodno ogreti pečici 10-15 minut oziroma dokler niso rahlo popečeni. Ne pozabite jih občasno premešati, da zagotovite enakomerno praženje.
g) Ko so oreščki pečeni, jih vzamemo iz pečice in pustimo, da se popolnoma ohladijo.
h) V veliki posodi za mešanje zmešajte pražene oreščke s sesekljanimi suhimi marelicami, figami, zlatimi rozinami in posušenimi paradižniki.
i) Vse skupaj premešajte, da ustvarite svojo sredozemsko mešanico poti.
j) Mešanico trail shranite v nepredušni posodi za prigrizke na poti.

17. Atlantski losos na žaru

SESTAVINE:
- 4 fileti atlantskega lososa
- 2 žlici olivnega olja
- 2 stroka česna, nasekljana
- 1 čajna žlička limonine lupinice
- 1 žlica limoninega soka
- Sol in poper po okusu

NAVODILA:
a) Žar segrejte na srednje visoko temperaturo.
b) V majhni skledi zmešajte olivno olje, nasekljan česen, limonino lupinico, limonin sok, sol in poper.
c) Z mešanico namažite fileje lososa.
d) Lososa pecite na žaru 4-5 minut na vsako stran ali dokler se zlahka ne razkosmi z vilicami.
e) Postrezite vroče s svojimi najljubšimi prilogami.

18. Atlantska školjka Linguine

SESTAVINE:
- 1 lb testenin linguine
- 2 ducata atlantskih školjk, očiščenih
- 3 žlice oljčnega olja
- 4 stroki česna, sesekljani
- 1/2 čajne žličke kosmičev rdeče paprike
- 1/2 skodelice suhega belega vina
- 1/4 skodelice sesekljanega svežega peteršilja
- Sol in črni poper po okusu

NAVODILA:
a) Linguine skuhajte po navodilih na embalaži.
b) V veliki ponvi segrejte olivno olje in na njem prepražite česen in rdeče paprike, da zadišijo.
c) Dodajte školjke in belo vino, pokrijte in kuhajte, dokler se školjke ne odprejo.
d) Vmešajte kuhan linguine, peteršilj, sol in poper.
e) Postrezite takoj.

19.Rolada iz atlantskega jastoga

SESTAVINE:
- 1 lb kuhanega mesa atlantskega jastoga, sesekljanega
- 1/4 skodelice majoneze
- 2 žlici limoninega soka
- 2 stebli zelene, drobno narezani
- Sol in poper po okusu
- Z maslom namazane in popečene hrenovke z deljenim vrhom

NAVODILA:
a) V skledi zmešamo meso jastoga, majonezo, limonin sok, zeleno, sol in poper.
b) Z mešanico jastoga napolnimo popečene žemlje.
c) Postrezite takoj za klasično doživetje zvitka jastoga.

TIHI APĂ

20.Pacific Ahi Poke Castron

SESTAVINE:
- 1 lb sveže pacifiške ahi tune, narezane na kocke
- 1/4 skodelice sojine omake
- 1 žlica sezamovega olja
- 1 žlica riževega kisa
- 1 čajna žlička naribanega ingverja
- 2 zeleni čebuli, narezani na tanke rezine
- 1 avokado, narezan na kocke
- 1 skodelica riža za suši, kuhanega
- Sezamovo seme za okras

NAVODILA:
a) V skledi zmešamo sojino omako, sezamovo olje, rižev kis in nariban ingver.
b) V omako nežno stresite narezano tunino.
c) Sestavite poke skledo s suši rižem, marinirano tuno, narezano zeleno čebulo, na kocke narezanim avokadom in potresite s sezamovimi semeni.
d) Postrezite takoj.

21. Takosi s pacifiško morsko ploščo

SESTAVINE:
- 1 lb filejev pacifiške morske plošče
- 1/2 skodelice moke
- 1 čajna žlička čilija v prahu
- 1/2 čajne žličke kumine
- 1 skodelica narezanega zelja
- 1/2 skodelice narezanega ananasa
- 1/4 skodelice cilantra, sesekljanega
- Rezine limete
- Koruzne tortilje

NAVODILA:
a) V skledi zmešamo moko, čili v prahu in kumino.
b) Fileje morske plošče potopite v mešanico moke in otresite odvečno količino.
c) Morski list prepražimo v olju do zlato rjave barve in ga skuhamo.
d) Pogrejte tortilje in sestavite takose s kuhano morsko ploščo, narezanim zeljem, na kocke narezanim ananasom in koriandrom.
e) Postrezite z rezinami limete.

22. Teriyaki nabodala s pacifiškim lososom

SESTAVINE:
- 1 lb filejev pacifiškega lososa, narezanih na kocke
- 1/4 skodelice sojine omake
- 2 žlici mirina
- 1 žlica medu
- 1 čajna žlička naribanega česna
- 1 čajna žlička naribanega ingverja
- Lesena nabodala, namočena v vodi

NAVODILA:
a) V skledi zmešajte sojino omako, mirin, med, česen in ingver, da ustvarite omako teriyaki.
b) Na nabodala nataknite kocke lososa.
c) Pecite nabodala, jih polijte z omako teriyaki, dokler se losos ne skuha.
d) Postrezite toplo.

23.Solata z rakovico Pacific Dungeness

SESTAVINE:
- 1 lb kuhanega mesa rakovice Pacific Dungeness
- 1/2 skodelice majoneze
- 1 žlica dijonske gorčice
- 1 steblo zelene, drobno sesekljano
- 1 žlica sesekljanega svežega kopra
- Sol in poper po okusu
- Listi maslene solate za serviranje

NAVODILA:
a) V skledi zmešamo rakovo meso, majonezo, dijonsko gorčico, zeleno, koper, sol in poper.
b) Rakovo solato naložimo na liste maslene solate.
c) Postrežemo ohlajeno.

24. Pacifiška paella

SESTAVINE:
- 4 polovice piščančjih prsi brez kosti in kože
- 1 čajna žlička paprike
- 1 čajna žlička soli
- ¼ čajne žličke črnega popra
- ¾ funtov blage italijanske klobase
- 16 unč paradižnikov v pločevinkah, odcejenih in grobo narezanih (ali 20 na soncu posušenih paradižnikov, pakiranih v olju, odcejenih in narezanih)
- 2 pločevinki piščančje juhe
- ½ čajne žličke kurkume
- ¼ čajne žličke žafrana
- 2 skodelici riža
- 1 velika čebula, narezana na kolesca
- 2 stroka česna, nasekljana
- 1 funt srednje velike kozice, olupljene, razrezane in kuhane
- 1 zelena paprika, narezana na trakove
- 10 školjk, očiščenih in poparjenih

NAVODILA:
a) Piščančje prsi narežite na ½-palčne trakove. V majhni skledi zmešajte papriko, sol in črni poper. Dodajte piščanca in mešajte, dokler se vse začimbe ne vmešajo v meso.
b) Klobaso narežite na ¼-palčne kose in odstranite ovoj.
c) Če uporabljate na soncu sušene paradižnike, jih popolnoma posušite s papirnato brisačo. Dodajte toliko vode v piščančjo juho, da dobite 3-¾ skodelice. To mešanico zavrite v 12-palčni ponvi.
d) Vmešajte kurkumo, žafran, riž, čebulo, česen, piščanca, klobaso in paradižnik.
e) Ponev pokrijemo in dušimo 20 minut.
f) Odstranite ponev z ognja in vanjo vmešajte kuhane kozice in zeleno papriko. Po želji obložimo s školjkami.
g) Pustite paello stati pokrito, dokler ne vpije vsa tekočina, približno 5 minut.

25. Ceviche iz bele ribe

SESTAVINE:
- 1 funt svežih filejev bele ribe (na primer iverke ali hlastača), narezanih na koščke velikosti
- 1 skodelica svežega limetinega soka
- 1 majhna rdeča čebula, narezana na tanke rezine
- 1-2 sveži papriki rocoto ali habanero, brez semen in drobno narezani
- ½ skodelice sesekljanega svežega cilantra
- ¼ skodelice sesekljanih listov sveže mete
- 2 stroka česna, nasekljana
- Sol, po okusu
- Sveže mleti črni poper, po okusu
- 1 sladki krompir, kuhan in narezan
- 1 koruzni klas, kuhan in očiščen zrn
- Listi zelene solate, za serviranje

NAVODILA:
a) V skledi, ki ne reagira, zmešajte koščke rib z limetinim sokom in pazite, da so ribe popolnoma prekrite.
b) Pustite, da se marinira v hladilniku približno 20-30 minut, dokler riba ne postane neprozorna.
c) Iz rib odcedite limetin sok in zavrzite sok.
d) V ločeni skledi zmešajte marinirano ribo z rdečo čebulo, papriko rocoto ali habanero, koriandrom, meto in česnom. Nežno premešajte, da se združi.
e) Po okusu začinimo s soljo in sveže mletim črnim poprom. Količino rocoto ali habanero paprike prilagodite glede na želeno stopnjo pikantnosti.
f) Pustite, da se ceviche marinira v hladilniku dodatnih 10-15 minut, da se okusi prepojijo.
g) Ceviche postrezite ohlajen na posteljici iz solatnih listov, okrašen z rezinami kuhanega sladkega krompirja in koruznimi zrni.

26. Začinjen mariniran Ceviche

SESTAVINE:
- 1 funt svežih ribjih filejev (kot je iverka, morski list ali hlastač), narezan na tanke rezine
- Sok 3-4 limet
- 2 žlici paste ají amarillo
- 2 stroka česna, nasekljana
- 1 žlica sojine omake
- 1 žlica olivnega olja
- 1 čajna žlička sladkorja
- Sol, po okusu
- Poper, po okusu
- Svež cilantro, sesekljan, za okras
- Rdeča čebula, narezana na tanke rezine, za okras
- Rokoto poper ali rdeča čili paprika, narezana na tanke rezine, za okras

NAVODILA:
a) Na tanke rezine narezane ribje fileje položimo v plitko posodo.
b) V skledi zmešajte limetin sok, pasto ají amarillo, sesekljan česen, sojino omako, olivno olje, sladkor, sol in poper. Mešajte skupaj, dokler ni dobro združeno.
c) Ribe prelijte z marinado in pazite, da bo vsaka rezina enakomerno prekrita.
d) Pustite, da se ribe marinirajo v hladilniku približno 10-15 minut. Kislost limetinega soka bo ribo rahlo "skuhala".
e) Marinirane ribje rezine razporedimo po servirnem krožniku.
f) Nekaj marinade pokapajte po ribah kot preliv.

27. Ceviche iz črne školjke

SESTAVINE:
- 1 funt svežih črnih školjk (conchas negras), očiščenih in oluščenih
- 1 rdeča čebula, narezana na tanke rezine
- 2-3 rocoto paprike ali druge pikantne čili paprike, drobno sesekljane
- 1 skodelica sveže iztisnjenega limetinega soka
- ½ skodelice sveže iztisnjenega limoninega soka
- Sol po okusu
- Sveži listi cilantra, sesekljani
- Koruzna zrna (neobvezno)
- Sladki krompir, kuhan in narezan (neobvezno)
- Listi zelene solate (neobvezno)

NAVODILA:
a) Črne školjke temeljito sperite pod mrzlo vodo, da odstranite pesek ali pesek. Previdno oluščite školjke, zavrzite lupine in prihranite meso. Meso školjk narežemo na grižljaj velike kose.
b) V nereaktivni skledi zmešajte sesekljane črne školjke, rezine rdeče čebule in rocoto ali čili papriko.
c) Mešanico školjk prelijte s sveže iztisnjenim limetinim in limoninim sokom, pri čemer pazite, da so vse sestavine prekrite s sokom citrusov. To bo pomagalo "skuhati" školjke.
d) Po okusu začinimo s soljo in vse skupaj nežno premešamo.
e) Skledo pokrijemo s plastično folijo in ohladimo za približno 30 minut do 1 ure. V tem času bo kislina iz soka citrusov še dodatno marinirala in »skuhala« školjke.
f) Pred serviranjem okusite ceviche in po potrebi prilagodite začimbe.
g) Okrasite s sveže narezanimi listi cilantra.
h) Izbirno: ceviche postrezite s kuhanimi koruznimi zrnji, narezanim sladkim krompirjem in listi zelene solate za dodatno teksturo in prilogo.
i) Opomba: pomembno je, da za ta ceviche uporabite sveže in visokokakovostne črne školjke. Prepričajte se, da so školjke pridobljene od zanesljivih dobaviteljev morske hrane in da so pred uporabo ustrezno očiščene.

28. Trucha a la Plancha/postrvi na žaru

SESTAVINE:
- 4 fileji postrvi, na koži
- 2 žlici rastlinskega olja
- Sok 1 limone
- Sol in poper po okusu
- Sveža zelišča (kot je peteršilj ali cilantro), sesekljana (neobvezno)
- Limonine rezine za serviranje

NAVODILA:
a) Predgrejte žar ali segrejte veliko ponev na srednje močnem ognju.
b) Fileje postrvi oplaknemo pod mrzlo vodo in osušimo s papirnatimi brisačkami.
c) Obe strani filejev postrvi premažite z rastlinskim oljem, tako da so enakomerno prevlečeni.
d) Fileje na obeh straneh začinimo s soljo, poprom in kančkom limoninega soka.
e) Fileje postrvi položite s kožo navzdol na žar ali ponev.
f) Pecite približno 3-4 minute na vsaki strani ali dokler riba ni neprozorna in se zlahka razkosmi z vilicami. Kožica mora biti hrustljava in zlato rjava.
g) Fileje postrvi odstavimo z ognja in prestavimo na servirni krožnik.
h) Potresite sveža zelišča (če jih uporabljate) po filejih za dodaten okus in okras.
i) Trucha a la Plancha/postrvi na žaru postrezite vroče, skupaj z rezinami limone, ki jih potresete po ribah.
j) Lahko ga postrežete s prilogo iz dušene zelenjave, riža ali solate, da dokončate obrok.

29. Parihuela/juha z morskimi sadeži

SESTAVINE:
- 1,1 funta mešanih morskih sadežev (kozice, lignji, školjke, hobotnice itd.)
- 1,1 funta filetov bele ribe (kot so morski list, hlastač ali trska)
- 1 čebula, drobno sesekljana
- 4 stroki česna, sesekljani
- 2 paradižnika, olupljena in narezana
- 2 žlici paradižnikove paste
- 2 žlici rastlinskega olja
- 1 žlica paste aji amarillo
- 4 skodelice juhe iz rib ali morskih sadežev
- 1 skodelica belega vina
- 1 skodelica vode
- 1 čajna žlička mlete kumine
- 1 čajna žlička posušenega origana
- ¼ skodelice sesekljanega cilantra
- Sol in poper po okusu

NAVODILA:
a) Segrejte rastlinsko olje v velikem loncu ali nizozemski pečici na srednjem ognju.
b) V lonec dodamo sesekljano čebulo in sesekljan česen ter pražimo, dokler ne posteklenita.
c) Vmešajte sesekljan paradižnik in paradižnikovo mezgo.
d) Kuhamo nekaj minut, da se paradižniki zmehčajo.
e) Če uporabljate pasto aji amarillo, jo dodajte v lonec in dobro premešajte z drugimi sestavinami.
f) Zalijemo z belim vinom in pustimo vreti nekaj minut, da se alkohol zmanjša.
g) V lonec dodajte ribjo ali morsko juho in vodo. Zavremo.
h) Ribje fileje narežemo na grižljaj in jih dodamo v lonec.
i) Zmanjšajte ogenj na nizko in pustite, da juha vre približno 10 minut oziroma dokler ni riba kuhana.
j) V lonec dodajte mešane morske sadeže (kozice, lignje, školjke, hobotnice itd.) in kuhajte še 5 minut oziroma dokler se morski sadeži ne skuhajo in ne zmehčajo.
k) Juho Parihuela/morski sadeži začinite z mleto kumino, posušenim origanom, soljo in poprom. Začimbe prilagodite svojemu okusu.
l) Po juhi potresemo sesekljan koriander in nežno premešamo.
m) Lonec odstavimo z ognja in pustimo nekaj minut počivati, preden ga postrežemo.
n) Juho Parihuela/morski sadeži postrezite vročo v jušnih skledah, skupaj s hrustljavim kruhom ali kuhanim rižem.

30.Juha s kozicami

SESTAVINE:
- 1 funt kozic, olupljenih in razrezanih
- 1 žlica olivnega olja
- 1 čebula, drobno sesekljana
- 3 stroki česna, sesekljani
- 1 čajna žlička mlete kumine
- 1 čajna žlička posušenega origana
- 2 žlici ají amarillo paste (ali nadomestite z rumeno čili pasto)
- 2 skodelici ribje ali zelenjavne juhe
- 1 skodelica evaporiranega mleka
- 1 skodelica zamrznjenih koruznih zrn
- 1 skodelica narezanega krompirja
- 1 skodelica narezanega korenja
- 1 skodelica narezane bučke
- ½ skodelice graha
- ½ skodelice narezane rdeče paprike
- ½ skodelice narezane zelene paprike
- ¼ skodelice sesekljanega svežega cilantra
- Sol in poper po okusu
- 2 jajci, pretepeni
- Sveži sir, zdrobljen, za okras
- Svež cilantro, sesekljan, za okras

NAVODILA:

a) V velikem loncu na zmernem ognju segrejte olivno olje.
b) Dodamo sesekljano čebulo in sesekljan česen. Pražimo, dokler čebula ne postekleni in česen zadiši.
c) V lonec dodajte mleto kumino, posušen origano in pasto ají amarillo. Dobro premešajte, da se poveže in kuhajte še kakšno minuto, da se okusi sprostijo.
d) Dodajte ribjo ali zelenjavno juho in jo zavrite. Ogenj zmanjšamo na nizko in pustimo vreti približno 10 minut, da se okusi prepojijo.
e) V lonec dodajte evaporirano mleko, zamrznjena koruzna zrna, na kocke narezan krompir, korenje, bučke, grah, rdečo papriko, zeleno papriko in sesekljan koriander. Dobro premešamo in po okusu začinimo s soljo in poprom.
f) Mešanico dušite približno 15 minut oziroma dokler se zelenjava ne zmehča.
g) Medtem v ločeni ponvi na malo oljčnega olja prepražimo kozice, da rožnato obarvajo in se skuhajo. Dati na stran.
h) Ko se zelenjava zmehča, v lonec med nenehnim mešanjem počasi vlijemo stepena jajca. To bo ustvarilo trakove kuhanega jajca po vsej juhi.
i) V lonec dodamo kuhane kozice in nežno premešamo, da se povežejo. Juha naj vre še 5 minut, da se okusi prepojijo.
j) Chupe de Camarones/juho iz kozic postrezite vročo, okrašeno z nadrobljenim svežim sirom in sesekljanim svežim cilantrom.

31.ribja juha

SESTAVINE:
- 1 funt filejev bele ribe (kot so hlastač, polenovka ali tilapija), narezanih na grižljaj velike kose
- 1 čebula, drobno sesekljana
- 3 stroki česna, sesekljani
- 2 žlici rastlinskega olja
- 2 žlici paste ají amarillo ali nadomestek s pirejem rumene paprike
- 2 skodelici juhe iz rib ali morskih sadežev
- 2 skodelici vode
- 2 srednje velika krompirja, olupljena in narezana na kocke
- 1 skodelica zamrznjenih koruznih zrn
- 1 skodelica evaporiranega mleka
- 1 skodelica svežega ali zamrznjenega graha
- 1 skodelica naribanega sira (na primer mozzarella ali cheddar)
- 2 žlici sesekljanega svežega cilantra
- Sol in poper po okusu
- Rezine limete za serviranje

NAVODILA:
a) V velikem loncu na srednjem ognju segrejte rastlinsko olje.
b) Dodamo sesekljano čebulo in sesekljan česen ter pražimo toliko časa, da čebula postekleni in česen zadiši.
c) Vmešajte pasto ají amarillo ali pire rumene paprike in kuhajte minuto, da se okusi prepojijo.
d) V lonec dodajte juho iz rib ali morskih sadežev in vodo ter mešanico zavrite.
e) V lonec dodamo na kocke narezan krompir, ogenj zmanjšamo na srednje nizko in pustimo vreti približno 10 minut oziroma dokler krompir ni delno kuhan.
f) Vmešajte ribje fileje in zamrznjena koruzna zrna. Dušimo še 5-7 minut, da se riba skuha in koruza zmehča.
g) Prilijemo evaporirano mleko in dodamo grah. Dobro premešajte, da se poveže.
h) Chupe de Pescado/ribjo juho začinite s soljo in poprom po okusu. Po potrebi prilagodite začimbe.
i) Po vrhu juhe potresemo nariban sir. Lonec pokrijemo in pustimo vreti še 5 minut oziroma dokler se sir ne stopi in se okusi dobro povežejo.
j) Odstavite lonec z ognja in po juhi potresite sesekljan koriander.
k) Chupe de Pescado/ribjo juho postrezite vročo z rezinami limete ob strani, da jih potresete čez juho.
l) Chupe de Pescado/ribjo juho lahko uživate samostojno ali pa jo postrežete s hrustljavim kruhom ali rižem.

32. Morski riž

SESTAVINE:
- 2 skodelici dolgozrnatega belega riža
- 1 funt mešanih morskih sadežev (kot so kozice, kalamari, školjke in pokrovače), očiščenih in razrezanih
- 2 žlici rastlinskega olja
- 1 čebula, drobno sesekljana
- 4 stroki česna, sesekljani
- 1 rdeča paprika, narezana na kocke
- 1 skodelica paradižnikov (svežih ali konzerviranih)
- 1 žlica paradižnikove paste
- 1 skodelica ribje ali morske juhe
- 1 skodelica belega vina (neobvezno)
- 1 čajna žlička mlete kumine
- 1 čajna žlička paprike
- ½ čajne žličke posušenega origana
- ¼ čajne žličke kajenskega popra (neobvezno, za segrevanje)
- ¼ skodelice sesekljanega svežega cilantra
- ¼ skodelice sesekljanega svežega peteršilja
- Sok 1 limete
- Sol, po okusu
- Poper, po okusu

NAVODILA:
a) Riž spirajte pod hladno vodo, dokler voda ne postane bistra.
b) Riž skuhamo po navodilih na embalaži in ga odstavimo.
c) V veliki ponvi ali ponvi za paello na srednjem ognju segrejte rastlinsko olje.
d) Dodamo sesekljano čebulo, sesekljan česen in na kocke narezano rdečo papriko.
e) Pražimo toliko časa, da se zelenjava zmehča in zadiši.
f) Dodajte mešane morske sadeže v ponev in jih kuhajte, dokler niso delno kuhani, približno 3-4 minute.
g) Odstranite nekaj kosov morskih sadežev in jih po želji postavite na stran za kasnejše okrasje.
h) Primešajte na kocke narezan paradižnik, paradižnikovo pasto, juho iz rib ali morskih sadežev in belo vino (če uporabljate).
i) Mešanico zavremo in kuhamo približno 5 minut, da se okusi prepojijo.
j) Dodajte mleto kumino, papriko, posušen origano in kajenski poper (če uporabljate). Mešajte, da se združi.
k) Dodajte kuhan riž in ga nežno premešajte z morskimi sadeži in omako, dokler se dobro ne poveže.
l) Kuhajte še dodatnih 5 minut, da se okusi premešajo.
m) Odstranite ponev z ognja in vanjo vmešajte sesekljan koriander, sesekljan peteršilj in limetin sok.
n) Začinimo s soljo in poprom po okusu.
o) Po želji okrasite Arroz con Mariscos/riž z morskimi sadeži s prihranjenimi kuhanimi morskimi sadeži in dodatnimi svežimi zelišči.
p) Arroz con Mariscos/riž z morskimi sadeži postrezite vroč, skupaj z rezinami limete in posipom svežega cilantra ali peteršilja.

33. Vložene ribe

SESTAVINE:
- 1 ½ funta filejev bele ribe (kot so hlastač, tilapija ali trska)
- ½ skodelice večnamenske moke
- Sol in poper po okusu
- Rastlinsko olje za cvrtje
- 1 rdeča čebula, narezana na tanke rezine
- 2 korenčka, narezana na julien
- 1 rdeča paprika, narezana na tanke rezine
- 4 stroki česna, sesekljani
- 1 skodelica belega kisa
- 1 skodelica vode
- 2 lovorjeva lista
- 1 čajna žlička posušenega origana
- 1 čajna žlička mlete kumine
- ½ čajne žličke paprike
- Sol in poper po okusu
- Svež cilantro ali peteršilj za okras

NAVODILA:

a) Ribje fileje začinimo s soljo in poprom. Potresemo jih v moko in otresemo odvečno količino.

b) V veliki ponvi na srednje močnem ognju segrejte rastlinsko olje. Ribje fileje ocvremo do zlato rjave barve na obeh straneh. Odstranite iz ponve in postavite na krožnik, obložen s papirnato brisačo, da odteče odvečno olje.

c) V isti ponvi približno 5 minut pražite narezano rdečo čebulo, narezano korenje, narezano rdečo papriko in sesekljan česen, dokler se ne začnejo mehčati.

d) V ločeni ponvi zmešajte beli kis, vodo, lovorjev list, posušen origano, mleto kumino, papriko, sol in poper. Mešanico zavremo.

e) Prepraženo zelenjavo dodamo v vrelo mešanico kisa. Ogenj zmanjšamo in pustimo vreti približno 10 minut, da se okusi prepojijo.

f) Ocvrte ribje fileje razporedimo po plitvi posodi. Ribe prelijemo z mešanico kisa in zelenjave, tako da jih popolnoma prekrijemo. Posodo ohladimo na sobno temperaturo.

g) Posodo pokrijemo in postavimo v hladilnik za vsaj 2 uri ali čez noč, da se ribe navzamejo okusov.

h) Escabeche de Pescado/kisle ribe postrezite ohlajene, okrašene s svežim cilantrom ali peteršiljem.

i) Ribe in zelenjavo z marinado lahko uživate kot prilogo ali postrežete z rižem ali kruhom.

34. Vijolični koruzni puding

SESTAVINE:
- 2 skodelici vijoličnega koruznega soka (koncentrat mazamorra morada)
- 1 skodelica posušenih vijoličnih koruznih zrn
- 1 cimetova palčka
- 4 nageljnove žbice
- 1 skodelica sladkorja
- ½ skodelice krompirjevega škroba
- Koščki ananasa in suhe slive za okras

NAVODILA:
a) V velikem loncu zmešajte škrlatni koruzni sok, posušena škrlatna koruzna zrna, cimetovo palčko in nageljnove žbice. Zavremo in nato pustimo vreti približno 20 minut.
b) V ločeni skledi zmešajte krompirjev škrob z malo vode, da nastane kaša.
c) V lonec med nenehnim mešanjem dodamo zmes sladkorja in krompirjevega škroba. Nadaljujte s kuhanjem, dokler se zmes ne zgosti.
d) Odstranite z ognja in pustite, da se ohladi.
e) Pred serviranjem okrasite s koščki ananasa in suhimi slivami.

35. Koka čaj

SESTAVINE:
- 1-2 kokini čajni vrečki ali 1-2 čajni žlički posušenih kokinih listov
- 1 skodelica vroče vode
- Med ali sladkor (neobvezno)

NAVODILA:
a) V skodelico položite čajno vrečko koke ali posušene liste koke.
b) Čajno vrečko ali liste koke prelijte z vročo vodo.
c) Pustite, da se strmi 5-10 minut ali dokler ne doseže želene moči.
d) Po želji sladkajte z medom ali sladkorjem.

36. Puding iz kvinoje

SESTAVINE:
- 1 skodelica kvinoje
- 4 skodelice vode
- 4 skodelice mleka
- 1 cimetova palčka
- 1 čajna žlička vanilijevega ekstrakta
- ½ skodelice sladkorja (prilagodite okusu)
- ¼ čajne žličke mletih nageljnovih žbic
- ¼ čajne žličke mletega muškatnega oreščka
- Rozine in/ali sesekljani orehi za okras (neobvezno)

NAVODILA:

a) Kvinojo temeljito sperite pod mrzlo vodo, da odstranite morebitno grenkobo.
b) V velikem loncu zmešajte kvinojo in vodo. Zavremo na srednje močnem ognju, nato zmanjšamo ogenj na nizko in pustimo vreti približno 15 minut ali dokler se kvinoja ne zmehča. Odvečno vodo odcedite.
c) Kuhano kvinojo vrnemo v lonec in ji dodamo mleko, cimetovo palčko, vanilijev ekstrakt, sladkor, mlete nageljnove žbice in mleti muškatni oreček.
d) Mešanico dobro premešamo in na zmernem ognju pustimo vreti.
e) Med občasnim mešanjem kuhajte približno 20-25 minut, dokler se zmes ne zgosti do pudingaste konsistence.
f) Lonec odstavite z ognja in zavrzite cimetovo palčko.
g) Pred serviranjem pustite, da se puding Mazamorra de Quinua/Kvinoja ohladi nekaj minut.
h) Puding Mazamorra de Quinua/Kvinoja postrezite topel ali ohlajen v skledicah ali desertnih skodelicah.
i) Vsako porcijo po želji okrasite z rozinami in/ali sesekljanimi oreščki.

37. Ocvrti trpotci

SESTAVINE:
- 2 zeleni trpotci
- Rastlinsko olje za cvrtje
- Sol po okusu

NAVODILA:
a) Začnite z lupljenjem zelenih trpotcev. To storite tako, da trpotcu odrežete konce in vzdolž kože naredite zarezo. Lupino odstranite tako, da jo potegnete stran od trpotca.
b) Trpotec narežite na debele rezine, debele približno 2,5 cm.
c) V globoki ponvi ali ponvi na srednjem ognju segrejte rastlinsko olje. Prepričajte se, da je dovolj olja, da popolnoma potopite rezine trpotca.
d) Na segreto olje previdno dodamo rezine trpotca in jih pražimo približno 3-4 minute na vsaki strani oziroma toliko časa, da zlato porjavijo.
e) Ocvrte rezine trpotca poberemo iz olja in položimo na krožnik, obložen s papirnato brisačo, da se odvečno olje odcedi.
f) Vzemite vsako ocvrto rezino trpotca in jo sploščite z dnom kozarca ali kuhinjskim pripomočkom, ki je posebej namenjen za sploščenje.
g) Na segreto olje vrnemo sploščene rezine trpotca in jih pražimo še 2-3 minute na vsaki strani, da postanejo hrustljavi in zlato rjavi.
h) Ko so ocvrti do želene stopnje hrustljavosti, odstranite patakone/ocvrte trpotce iz olja in jih položite na krožnik, obložen s papirnato brisačo, da odteče odvečno olje.
i) Patakone/ocvrte trpotce potresemo s soljo po okusu, ko so še vroče.
j) Patakone/ocvrte trpotce postrezite kot prilogo ali kot osnovo za prelive ali nadeve, kot so guacamole, salsa ali narezano meso.

38. Yuca Fries

SESTAVINE:
- 2 funta juke (maniok), olupljene in narezane na krompirček
- Olje za cvrtje
- Sol po okusu

NAVODILA:
a) V cvrtniku ali velikem loncu segrejte olje na 350 °F (175 °C).
b) Pomfrit yuca pražite v serijah, dokler ne postane zlat in hrustljav, približno 4-5 minut.
c) Odstranite in odcedite na papirnatih brisačah.
d) Potresemo s soljo in postrežemo vroče.

39.Lima fižol v koriandrovi omaki

SESTAVINE:
- 2 skodelici kuhanega lima fižola (pallares), odcejenega
- 1 skodelica svežih listov cilantra
- 2 stroka česna
- ½ skodelice queso fresco, zdrobljenega
- 2 žlici rastlinskega olja
- Sol in poper po okusu

NAVODILA:
a) V mešalniku zmešajte svež koriander, česen, queso fresco, rastlinsko olje, sol in poper. Mešajte, dokler ne dobite gladke cilantrove omake.
b) Kuhan lima fižol prelijemo s koriandrovo omako.
c) Postrezite kot prilogo ali lahko glavno jed.

40. Jagnječja enolončnica

SESTAVINE:

- 2 funta jagnječjega obara, narezanega na kose
- 2 žlici rastlinskega olja
- 1 čebula, drobno sesekljana
- 3 stroki česna, sesekljani
- 2 žlici paste ají amarillo
- 1 čajna žlička mlete kumine
- 1 čajna žlička posušenega origana
- 1 skodelica temnega piva (kot je stout ali ale)
- 2 skodelici goveje ali zelenjavne juhe
- 2 skodelici narezanih paradižnikov (svežih ali konzerviranih)
- ½ skodelice sesekljanega cilantra
- 2 skodelici zamrznjenega ali svežega zelenega graha
- 4 srednje velike krompirje, olupljene in narezane na četrtine
- Sol, po okusu
- Poper, po okusu

NAVODILA:
a) Segrejte rastlinsko olje v velikem loncu ali nizozemski pečici na srednjem ognju.
b) Dodamo jagnječjo enolončnico in jo pražimo z vseh strani, da porjavi. Meso vzamemo iz lonca in ga odstavimo.
c) V isti lonec dodamo sesekljano čebulo in sesekljan česen. Pražite, dokler čebula ne postekleni.
d) Vmešajte pasto ají amarillo, mleto kumino in posušen origano.
e) Kuhamo še minuto, da se okusi prepojijo.
f) Jagnječjo obaro vrnemo v lonec in zalijemo s temnim pivom. Mešanico zavremo in kuhamo nekaj minut, da alkohol izhlapi.
g) V lonec dodamo govejo ali zelenjavno juho in na kocke narezan paradižnik. Mešanico zavrite, nato zmanjšajte ogenj na nizko, lonec pokrijte in kuhajte približno 1 uro ali dokler se jagnjetina ne zmehča.
h) Vmešajte sesekljan koriander, zeleni grah in na četrtine narezan krompir. Kuhajte še 15-20 minut oziroma dokler se krompir ne skuha in se okusi prepojijo.
i) Začinimo s soljo in poprom po okusu. Začimbe in gostoto omake prilagodite svojim željam, tako da po želji dodate več juhe.

41. Adobo/Marinirana svinjska enolončnica

SESTAVINE:

- 2 funta svinjskih pleč ali koščkov piščanca
- 4 stroki česna, sesekljani
- 2 žlici rastlinskega olja
- ¼ skodelice belega kisa
- 2 žlici sojine omake
- 2 žlici aji panca paste (pasta perujske rdeče paprike)
- 1 čajna žlička mlete kumine
- 1 čajna žlička posušenega origana
- ½ čajne žličke mletega črnega popra
- ½ čajne žličke soli ali po okusu

NAVODILA:

a) V skledi zmešajte sesekljan česen, rastlinsko olje, beli kis, sojino omako, pasto aji panca, kumino, posušen origano, črni poper in sol.
b) Dobro premešajte, da nastane marinada.
c) Svinjsko pleče ali koščke piščanca položite v plitvo posodo ali vrečko Ziploc. Meso prelijemo z marinado in pazimo, da je dobro prevlečeno.
d) Posodo pokrijte ali zaprite vrečko in postavite v hladilnik za vsaj 2 uri, še bolje pa čez noč, da okusi prodrejo v meso.
e) Predgrejte žar ali pečico na srednje visoko temperaturo.
f) Če uporabljate žar, meso odstranite iz marinade in pecite na srednje močnem ognju, dokler ni pečeno in na zunanji strani lepo zoglenelo.
g) Če uporabljate pečico, položite marinirano meso na pekač in pecite pri 400 °F (200 °C) približno 25-30 minut ali dokler meso ni pečeno in porjavelo.
h) Ko je meso pečeno, ga odstavite z ognja in pustite počivati nekaj minut, preden ga narežete ali postrežete.

42.Goveje srce na žaru Nabodala

SESTAVINE:
- 1,5 funta zrezek z govejim srcem ali pečenko, narezan na grižljaj velike kose
- ¼ skodelice rdečega vinskega kisa
- 3 žlice rastlinskega olja
- 2 stroka česna, nasekljana
- 1 žlica mlete kumine
- 1 žlica paprike
- 1 čajna žlička posušenega origana
- 1 čajna žlička čilija v prahu
- Sol, po okusu
- Sveže mleti črni poper, po okusu
- Lesena nabodala, namočena v vodi vsaj 30 minut
- Salsa de Aji (perujska čili omaka), za serviranje

NAVODILA:
a) V veliki skledi zmešajte rdeči vinski kis, rastlinsko olje, sesekljan česen, mleto kumino, papriko, posušen origano, čili v prahu, sol in črni poper.
b) Dobro premešajte, da ustvarite marinado.
c) Dodajte koščke govejega srca ali fileja v marinado in premešajte, da se meso dobro prekrije.
d) Skledo pokrijemo in pustimo marinirati v hladilniku vsaj 2 uri, še bolje pa čez noč, da se okusi razvijejo.
e) Predgrejte svoj žar ali brojlerja na srednje visoko temperaturo.
f) Marinirane kose govedine nanizamo na namočena lesena nabodala, med posameznimi kosi pa pustimo majhen prostor.
g) Anticuchos pecite na žaru ali jih pecite približno 3-4 minute na vsako stran ali dokler ni meso pečeno do želene stopnje pečenosti.
h) Za enakomerno peko nabodala občasno obrnite.
i) Odstranite kuhane antikuhose z žara ali brojlerja in jih pustite počivati nekaj minut, preden jih postrežete.

INDIJSKI APĂ

43. Čevda

SESTAVINE:
- 2 skodelici tankih vermicelli rezancev, zlomljenih na majhne koščke
- 1 skodelica praženih arašidov
- 1 skodelica pražene čičerike (chana dal)
- 1 skodelica pražene zelene leče (masoor dal)
- 1 skodelica posušenih curryjevih listov
- 1 čajna žlička kurkume v prahu
- 1 čajna žlička paprike
- 1 čajna žlička mlete kumine
- 1 čajna žlička mletega koriandra
- Sol po okusu
- Rastlinsko olje za cvrtje

NAVODILA

a) V globoki ponvi ali voku na srednjem ognju segrejte rastlinsko olje.
b) Rezance vermicelli nalomite na majhne koščke in jih dodajte vročemu olju. Rezance pražimo toliko časa, da postanejo zlato rjavi in hrustljavi. Odstranite jih iz olja in odcedite na papirnatih brisačah, da odstranite odvečno olje. Dati na stran.
c) V isti ponvi prepražimo pražene arašide, da postanejo nekoliko temnejši in hrustljavi. Poberemo jih iz olja in odcedimo na papirnatih brisačah. Dati na stran.
d) Na vročem olju prepražimo pečeno čičeriko (chana dal) in pečeno lečo (masoor dal), da hrustljavo zapečeta. Poberemo jih iz olja in odcedimo na papirnatih brisačah. Dati na stran.
e) Na segretem olju nekaj sekund pražimo posušene liste karija, da postanejo hrustljavi. Poberemo jih iz olja in odcedimo na papirnatih brisačah. Dati na stran.
f) V veliki skledi zmešajte ocvrte vermicelli rezance, arašide, čičeriko, lečo in curryjeve liste.
g) V majhni skledi zmešajte kurkumo v prahu, papriko, mleto kumino, mleti koriander in sol.
h) Začimbno mešanico potresite po mešanici prigrizkov v veliki skledi. Dobro premešamo, da se vse sestavine enakomerno prekrijejo z začimbami.
i) Pustite, da se Chevda popolnoma ohladi, preden jo prenesete v nepredušno posodo za shranjevanje.

44. Kenijec Nyama Choma

SESTAVINE:
- 3 žlice rastlinskega olja
- 1 funt ovčjega kozjega mesa ali govedine
- sol
- 1 žlica paste iz ingverja in česna
- ¼ limoninega soka
- Popramo po okusu
- 1 skodelica vode

NAVODILA
a) Meso operemo in pustimo, da se posuši. Damo v skledo in odstavimo.
b) V ločeni skledi zmešajte pasto iz ingverja in česna ter limonin sok. Nato z mešanico prelijemo meso, da se marinira.
c) Meso pokrijemo in pustimo 2 uri, da se popolnoma marinira.
d) Segrejte žar, da bo zelo vroč.
e) Meso namažemo z jedilnim oljem in ga položimo na žar.
f) Sol raztopite v topli vodi in jo med kuhanjem potresite po mesu.
g) Oglja naj bo malo, da se meso kuha počasi in ne zažge.
h) Meso obrnite na vse strani, dokler ni zunanjost mehka, notranjost pa dobro pečena.
i) Ko je meso popolnoma pečeno, ga vzamemo z žara in vroče postrežemo.

45. ribji paprikaš

SESTAVINE:
- 1 funt ribjih filejev (tilapija, hlastač ali katera koli čvrsta bela riba)
- 2 žlici rastlinskega olja
- 1 čebula, sesekljana
- 2 paradižnika, sesekljana
- 2 stroka česna, nasekljana
- 1-palčni kos ingverja, nariban
- 1 čajna žlička kurkume v prahu
- 1 čajna žlička kajenskega popra (neobvezno, za pikantnost)
- 1 skodelica kokosovega mleka
- 1 skodelica ribje ali zelenjavne juhe
- Sol po okusu
- Svež cilantro za okras (neobvezno)
- Kuhan riž ali ugali za serviranje

NAVODILA
a) V veliki ponvi segrejte rastlinsko olje na srednjem ognju.
b) Dodamo sesekljano čebulo in jo pražimo, dokler ne postekleni.
c) Dodamo sesekljan česen in nariban ingver. Kuhajte še eno minuto.
d) Dodamo narezane paradižnike in kuhamo toliko časa, da se zmehčajo.
e) V ponev dodajte kurkumo v prahu in kajenski poper (če ga uporabljate) ter dobro premešajte.
f) V ponev položite ribje fileje in jih na vsaki strani nekaj minut pecite, da rahlo porjavijo.
g) Prilijemo kokosovo mleko in ribjo ali zelenjavno juho.
h) Začinimo s soljo in vse skupaj premešamo.
i) Ponev pokrijemo in pustimo, da se ribja enolončnica duši približno 10-15 minut oziroma toliko časa, da se riba skuha in se okusi dobro povežejo.
j) Po želji okrasite s svežim cilantrom.

46. Ingverjevo pivo

SESTAVINE:
- 1 skodelica naribanega svežega ingverja
- 1 skodelica sladkorja
- 1 limona, iztisnjen sok
- 8 skodelic vode
- Ledene kocke

NAVODILA
a) V velikem loncu zavrite 4 skodelice vode.
b) V vrelo vodo dodajte nariban ingver in pustite vreti približno 10 minut.
c) Odstranite z ognja in precedite vodo z ingverjem v vrč.
d) Dodajte sladkor in dobro premešajte, dokler se ne raztopi.
e) Prilijemo limonin sok in preostale 4 skodelice hladne vode.
f) Premešamo, da se vse sestavine povežejo.
g) Stoney Tangawizi postavite v hladilnik za nekaj ur, da se okusi razvijejo.
h) Ingverjevo pivo postrezite na ledenih kockah za osvežilno in pikantno pijačo.

47. Masala omleta

SESTAVINE:
- 2-3 jajca
- 1/4 skodelice drobno sesekljane čebule
- 1/4 skodelice sesekljanega paradižnika
- 1-2 zelena čilija, sesekljana
- 1/4 čajne žličke semen kumine
- 1/4 čajne žličke kurkume v prahu
- 1/4 čajne žličke rdečega čilija v prahu
- Sol po okusu
- Sesekljani listi koriandra za okras

NAVODILA:
a) V skledi stepemo jajca in dodamo sesekljano čebulo, paradižnik, zeleni čili, semena kumine, kurkumo v prahu, rdeči čili v prahu in sol.
b) Dobro premešamo in zmes vlijemo v segret, pomaščen pekač.
c) Kuhajte, dokler se omleta ne strdi, obrnite in popecite še drugo stran.
d) Okrasite s sesekljanimi listi koriandra in postrezite vroče.

48. Chai Mai rece

SESTAVINE:
- ¾ skodelice čaja, ohlajenega
- ¾ skodelice vanilijevega sojinega mleka, ohlajenega
- 2 žlici zamrznjenega koncentrata jabolčnega soka, odmrznjenega
- ½ banane, narezane in zamrznjene

NAVODILA:
a) V mešalniku zmešajte čaj, sojino mleko, koncentrat jabolčnega soka in banano.
b) Mešajte, dokler ni gladka in kremasta.
c) Postrezite takoj.

49. Paratha, polnjena s cvetačo

SESTAVINE:
- 2 skodelici (300 g) naribane cvetače ¼ glavice)
- 1 čajna žlička grobe morske soli
- ½ čajne žličke garam masale
- ½ čajne žličke kurkume v prahu
- 1 serija Basic Roti testa

NAVODILA:

a) V globoki skledi zmešajte cvetačo, sol, garam masalo in kurkumo.

b) Ko je nadev končan, začnite valjati roti testo. Začnite z izdelavo Basic Roti testa. Odtrgajte kos, velik približno kot žogica za golf (približno 5 cm v premeru) in ga povaljajte med obema dlanema, da ga oblikujete v žogico. Pritisnite ga med obema dlanema, da se rahlo sploščí, in ga razvaljajte na rahlo pomokani površini, dokler ne doseže premera približno 5 palcev (12,5 cm).

c) Kar na sredino razvaljanega testa damo kepico (zvrhano žlico) cvetačnega nadeva. Zložite navznoter z vseh strani, tako da se srečata na sredini in tako ustvarite kvadrat. Obe strani kvadrata rahlo pomočimo v suho moko.

d) Razvaljajte ga na površini, rahlo posuti z moko, dokler ne postane tanko in okroglo, s premerom približno 10 palcev (25 cm). Morda ni popolnoma okroglo in nekaj polnila lahko pride rahlo skozi, vendar je vse v redu.

e) Na srednje močnem ognju segrejte tavo ali težko ponev. Ko je vroče, položite parate v ponev in segrevajte 30 sekund, dokler niso dovolj čvrste, da jih lahko obrnete, vendar ne popolnoma trde ali izsušene. Ta korak je ključnega pomena za pripravo res okusnih parat. Videti bo, kot da je tik pred kuhanjem, vendar še vedno malo surovo. Pečemo 30 sekund na nasprotni strani. Medtem rahlo naoljite stran, ki je obrnjena navzgor, obrnite, rahlo naoljite drugo stran in pecite obe strani, da rahlo porjavi. Takoj postrezite z maslom, sladkim sojinim jogurtom ali indijsko kislo kumarico (achaar).

50. S špinačo polnjen kruh

SESTAVINE:
- 3 skodelice (603 g) 100% polnozrnate moke chapati (atta)
- 2 skodelici (60 g) sveže narezane in drobno narezane špinače
- 1 skodelica (237 ml) vode
- 1 čajna žlička grobe morske soli

NAVODILA:
a) V kuhinjskem robotu zmešajte moko in špinačo. To bo postala drobljiva zmes.
b) Dodajte vodo in sol. Obdelujte, dokler testo ne postane lepljiva krogla.
c) Testo prenesite v globoko skledo ali na rahlo pomokan pult in gnetite nekaj minut, dokler ni gladko kot testo za pico. Če je testo lepljivo, dodamo še malo moke. Če je presuho, dodajte še malo vode.
d) Odvlecite kos testa v velikosti žogice za golf (približno 5 cm v premeru) in ga razvaljajte med obema dlanema, da ga oblikujete v žogico. Pritisnite ga med obema dlanema, da se nekoliko splošči, in ga razvaljajte na rahlo pomokani površini, dokler ne doseže premera približno 5 palcev (12,5 cm).
e) Na srednje močnem ognju segrejte tavo ali težko ponev. Ko je vroča, položite Paratho v ponev in segrevajte 30 sekund, dokler ni dovolj čvrsta, da jo lahko obrnete, vendar ne popolnoma trda ali izsušena.
f) Pečemo 30 sekund na nasprotni strani. Medtem rahlo naoljite stran, ki je obrnjena navzgor, obrnite, rahlo naoljite drugo stran in pecite obe strani, da rahlo porjavi.
g) Takoj postrezite z maslom, sladkim sojinim jogurtom ali indijsko kislo kumarico (achaar).

51. Okusna počena pšenica z indijskimi oreščki

SESTAVINE:
- 1 skodelica (160 g) zdrobljene pšenice
- 1 žlica olja
- 1 čajna žlička črnih gorčičnih semen
- 4–5 listov curryja, grobo narezanih
- ½ srednje velike rumene ali rdeče čebule, olupljene in narezane na kocke
- 1 manjši korenček, olupljen in narezan na kocke
- ½ skodelice (145 g) graha, svežega ali zamrznjenega
- 1–2 tajski, serrano ali kajenski čili,
- ¼ skodelice (35 g) surovih indijskih oreščkov, suho praženih
- 1 čajna žlička grobe morske soli
- 2 skodelici (474 ml) vrele vode
- Sok 1 srednje velike limone

NAVODILA:

a) V močni ponvi na srednje močnem ognju na suho pražite zdrobljeno pšenico približno 7 minut, dokler rahlo ne porjavi. Prestavimo na krožnik, da se ohladi.
b) V globoki, težki ponvi na srednje močnem ognju segrejte olje.
c) Dodajte gorčična semena in kuhajte, dokler ne zacvrčijo, približno 30 sekund.
d) Dodajte karijeve liste, čebulo, korenček, grah in čili. Med občasnim mešanjem kuhajte 2 do 3 minute, dokler čebula ne začne rahlo rjaveti.
e) Dodajte zdrobljeno pšenico, indijske oreščke in sol. Dobro premešaj.
f) Mešanici dodajte vrelo vodo. To naredite zelo previdno, saj bo brizgalo. Vzamem pokrov za veliko ponev in jo z desno roko držim pred seboj, z levo pa natočim vodo. Takoj ko je voda noter, ponovno pokrijem pokrov in pustim, da se mešanica minuto umiri. Druga možnost je, da med dolivanjem vode začasno izklopite toploto.
g) Ko je voda notri, zmanjšajte ogenj na nizko in mešanico kuhajte brez pokrova, dokler ne vpije vsa tekočina.
h) Čisto na koncu kuhanja dodajte limonin sok. Ponev ponovno pokrijemo, ugasnemo ogenj in pustimo mešanico stati 15 minut, da se bolje prevzame vseh okusov.
i) Takoj postrezite s toastom, namazanim z maslom, pretlačeno banano ali pikantnim čatnijem iz zelenega čilija.

52.Chai začinjena vroča čokolada

SESTAVINE:
- 2 skodelici mleka (mlečnega ali alternativnega mleka)
- 2 žlici kakava v prahu
- 2 žlici sladkorja (prilagodite okusu)
- 1 čajna žlička listov chai čaja (ali 1 vrečka chai čaja)
- ½ čajne žličke mletega cimeta
- ¼ čajne žličke mletega kardamoma
- Ščep mletega ingverja
- Stepena smetana in kanček cimeta za okras

NAVODILA:
a) V ponvi segrevajte mleko na zmernem ognju, dokler ni vroče, vendar ne zavre.
b) Mleku dodajte čajne liste (ali čajno vrečko) in pustite stati 5 minut. Odstranite čajne liste ali čajno vrečko.
c) V majhni skledi zmešajte kakav v prahu, sladkor, cimet, kardamom in ingver.
d) Kakavovo mešanico postopoma vmešajte v vroče mleko, dokler ni dobro premešana in gladka.
e) Začinjeno vročo čokolado med občasnim mešanjem še naprej segrevajte, dokler ne doseže želene temperature.
f) Nalijte v skodelice, prelijte s stepeno smetano in potresite s cimetom. Postrezite in uživajte!

53. Palačinke iz čičerikine moke

SESTAVINE:
- 2 skodelici (184 g) gramov (čičerikine) moke (besan)
- 1½ skodelice (356 g) vode
- 1 majhna čebula, olupljena in nasekljana (približno ½ skodelice [75 g])
- 1 kos ingverjeve korenine, olupljen in nariban ali zmlet
- 1–3 zeleni tajski, serrano ali kajenski čili, sesekljani
- ¼ skodelice (7 g) posušenih listov piskavice (kasoori methi)
- ½ skodelice (8 g) svežega cilantra, mletega
- 1 čajna žlička grobe morske soli
- ½ čajne žličke mletega koriandra
- ½ čajne žličke kurkume v prahu
- 1 čajna žlička rdečega čilija v prahu ali kajenskega olja za cvrtje v ponvi

NAVODILA:
a) V globoki skledi zmešajte moko in vodo do gladkega. Rad začnem z metlico za stepanje in nato s hrbtno stranjo žlice razbijem majhne kepe moke, ki običajno nastanejo.
b) Mešanico pustite stati vsaj 20 minut.
c) Dodajte preostale sestavine, razen olja, in dobro premešajte.
d) Segrejte rešetko na srednje močnem ognju.
e) Dodamo ½ žličke olja in s hrbtno stranjo žlice ali papirnato brisačo porazdelimo po rešetki. Uporabite lahko tudi sprej za kuhanje, da enakomerno premažete ponev.
f) Z zajemalko vlijte ¼ skodelice (59 ml) testa na sredino pekača. S hrbtno stranjo zajemalke razporedite testo s krožnimi gibi v smeri urinega kazalca od sredine proti zunanji strani ponve, da dobite tanko okroglo palačinko s premerom približno 5 palcev (12,5 cm).
g) Poora kuhajte do rahlo rjave barve na eni strani, približno 2 minuti, nato pa jo obrnite, da se skuha še na drugi strani. Z lopatko pritisnite navzdol, da se tudi sredica skuha.
h) Skuhajte preostalo testo in po potrebi dodajte olje, da se ne sprime.
i) Postrezite s prilogo mojega metinega ali breskovega čatnija.

54. Krema iz pšeničnih palačink

SESTAVINE:
- 3 skodelice (534 g) pšenične smetane (sooji)
- 2 skodelici (474 ml) nesladkanega navadnega sojinega jogurta
- 3 skodelice (711 ml) vode
- 1 čajna žlička grobe morske soli
- ½ čajne žličke mletega črnega popra
- ½ čajne žličke rdečega čilija v prahu ali kajenskega lista
- ½ rumene ali rdeče čebule, olupljene in na drobno narezane
- 1–2 zelena tajska, serrano ali kajenski čili, nasekljana
- Olje, za cvrtje v ponvi, postavite na stran v majhno skledo
- ½ velike čebule, olupljene in prepolovljene (za pripravo ponve)

NAVODILA:

a) V globoki skledi zmešajte pšenično smetano, jogurt, vodo, sol, črni poper in rdeči čili v prahu ter pustite za 30 minut, da rahlo fermentira.
b) Dodamo na kocke narezano čebulo in čili. Nežno premešajte.
c) Segrejte rešetko na srednje močnem ognju. V ponev damo 1 žličko olja.
d) Ko se ponev segreje, zapičimo vilice v nerazrezan, zaobljen del čebule. Držite ročaj vilice in podrgnite narezano polovico čebule naprej in nazaj po ponvi. Kombinacija toplote, čebulnega soka in olja pomaga preprečiti, da bi se vaša doza sprijela. Čebulo z vstavljenimi vilicami imejte pri roki za ponovno uporabo med odmerki. Ko počrni iz ponve, samo na tanko odrežite sprednjo stran.
e) Majhno posodo z oljem z žlico držite ob strani – uporabili jo boste pozneje.
f) Zdaj pa končno k kuhanju! Na sredino vroče, pripravljene ponve vlijte malo več kot ¼ skodelice (59 ml) testa. S hrbtno stranjo zajemalke počasi delajte gibe v smeri urinega kazalca od sredine proti zunanjemu robu ponve, dokler testo ne postane tanko in podobno palačinki. Če mešanica takoj začne brbotati, rahlo zmanjšajte temperaturo.
g) Z majhno žličko v tankem curku polivamo olje v krogu okoli testa.
h) Pustite, da se dosa kuha, dokler rahlo ne porjavi in se odmakne od ponve. Obrnite in pecite še drugo stran.

55.Masala Tofu Premešati

SESTAVINE:
- Pakiranje 14 unč ekstra čvrstega organskega tofuja
- 1 žlica olja
- 1 čajna žlička kuminovih semen
- ½ majhne bele ali rdeče čebule, olupljene in nasekljane
- 1 kos ingverjeve korenine, olupljen in nariban
- 1–2 zelena tajska, serrano ali kajenski čili, nasekljana
- ½ čajne žličke kurkume v prahu
- ½ čajne žličke rdečega čilija v prahu ali kajenskega lista
- ½ čajne žličke grobe morske soli
- ½ čajne žličke črne soli
- ¼ skodelice (4 g) svežega cilantra, mletega

NAVODILA:
a) Z rokami razdrobite tofu in ga odstavite.
b) V težki, ravni ponvi segrejte olje na srednje močnem ognju.
c) Dodajte kumino in kuhajte, dokler semena ne zacvrčijo, približno 30 sekund.
d) Dodajte čebulo, ingverjevo korenino, čili in kurkumo. Kuhajte in pražite 1 do 2 minuti ter mešajte, da se ne sprime.
e) Dodamo tofu in dobro premešamo, da celotna mešanica porumeni od kurkume.
f) Dodajte rdeči čili v prahu, morsko sol, črno sol (kala namak) in koriander. Dobro premešaj.
g) Postrezite s toastom ali zvito v topli roti ali paratha ovoj.

56.Sladke palačinke

SESTAVINE:
- 1 skodelica (201 g) 100% polnozrnate moke chapati
- ½ skodelice (100 g) jaggerja
- ½ čajne žličke semen komarčka
- 1 skodelica (237 ml) vode

NAVODILA:
a) Vse sestavine zmešajte v globoki skledi in pustite testo stati vsaj 15 minut.
b) Na srednje močnem ognju segrejte rahlo naoljeno rešetko ali ponev. Testo nalijte ali zajemajte na rešetko, pri čemer uporabite približno ¼ skodelice (59 ml) za vsako količino. Trik je v tem, da testo s hrbtno stranjo zajemalke rahlo raztegnete od sredine v smeri urinega kazalca, ne da bi ga preveč razredčili.
c) Na obeh straneh zarumenimo in vroče postrežemo.

57. Chai Mleko kaša

SESTAVINE:
- 180 ml delno posnetega mleka
- 1 žlica lahkega mehkega rjavega sladkorja
- 4 stroki kardamoma, razcepljeni
- 1 zvezdasti janež
- ½ čajne žličke mletega ingverja
- ½ čajne žličke mletega muškatnega oreščka
- ½ čajne žličke mletega cimeta
- 1 vrečka ovsa

NAVODILA:
a) Mleko, sladkor, kardamom, zvezdasti janež in ¼ čajne žličke ingverja, muškatnega oreščka in cimeta dajte v majhno ponev in zavrite, občasno premešajte, dokler se sladkor ne raztopi.
b) Precedite v vrč, zavrzite cele začimbe, nato pa se vrnite v ponev in uporabite prelito mleko za kuhanje ovsa v skladu z navodili na embalaži. Prelijemo v skledo.
c) Zmešajte preostalo ¼ čajne žličke vsakega ingverja, muškatnega oreščka in cimeta, dokler se enakomerno ne premešajo, nato pa uporabite za prah po vrhu kaše, s šablono za kavo, da ustvarite edinstven vzorec, če želite.

58. Začinjena pokovka na štedilniku

SESTAVINE:
- 1 žlica olja
- ½ skodelice (100 g) nekuhanih jedrc pokovke
- 1 čajna žlička grobe morske soli
- 1 čajna žlička garam masala, Chaat Masala ali Sambhar Masala

NAVODILA:
a) V globoki, težki ponvi segrejte olje na srednje močnem ognju.
b) Dodajte jedrca pokovke.
c) Ponev pokrijte in ogenj zmanjšajte na srednje nizko.
d) Kuhajte, dokler se pokanje ne umiri, 6 do 8 minut.
e) Ugasnite ogenj in pustite, da pokovka s pokrovom stoji še 3 minute.
f) Potresemo s soljo in masalo. Postrezite takoj.
g) S kleščami jemljite eno papad naenkrat in jo segrevajte nad kuhalno ploščo. Če imate plinski štedilnik, ga kuhajte kar nad ognjem, pri čemer pazite, da izpihnete koščke, ki se vnamejo. Nenehno jih obračajte naprej in nazaj, dokler niso vsi deli pečeni in hrustljavi. Če uporabljate električni štedilnik, jih segrevajte na rešetki nad gorilnikom in nenehno obračajte, dokler ne postanejo hrustljavi. Bodite previdni - zlahka gorijo.
h) Zložite papade in takoj postrezite kot prigrizek ali večerjo.

59. Praženi oreščki masala

SESTAVINE:
- 2 skodelici (276 g) surovih indijskih oreščkov
- 2 skodelici (286 g) surovih mandljev
- 1 žlica garam masale, Chaat Masale ali Sambhar Masale
- 1 čajna žlička grobe morske soli
- 1 žlica olja
- ¼ skodelice (41 g) zlatih rozin

NAVODILA:
a) Postavite rešetko za pečico na najvišji položaj in pečico segrejte na 425 °F (220 °C). Pekač obložite z aluminijasto folijo za lažje čiščenje.
b) V globoki skledi zmešajte vse sestavine razen rozin, dokler niso oreščki enakomerno prekriti.
c) Mešanico oreščkov v eni plasti razporedite po pripravljenem pekaču.
d) Pečemo 10 minut, na polovici časa kuhanja nežno mešamo, da se oreščki enakomerno skuhajo.
e) Pekač vzamemo iz pečice. Dodajte rozine in pustite, da se mešanica ohladi vsaj 20 minut. Ta korak je pomemben. Kuhani oreščki postanejo žvečljivi, vendar se jim hrustljavost povrne, ko se ohladijo. Postrezite takoj ali shranite v nepredušni posodi do enega meseca.

60. S čajem začinjeni praženi mandlji in indijski oreščki

SESTAVINE:
- 2 skodelici (276 g) surovih indijskih oreščkov
- 2 skodelici (286 g) surovih mandljev
- 1 žlica Chai Masala
- 1 žlica jaggeryja (gur) ali rjavega sladkorja
- ½ čajne žličke grobe morske soli
- 1 žlica olja

NAVODILA:
a) Postavite rešetko za pečico na najvišji položaj in pečico segrejte na 425 °F (220 °C). Pekač obložite z aluminijasto folijo za lažje čiščenje.
b) V globoki skledi združite vse sestavine in dobro premešajte, dokler niso oreščki enakomerno prekriti.
c) Mešanico oreščkov v eni plasti razporedite po pripravljenem pekaču.
d) Pečemo 10 minut, na polovici časa kuhanja mešamo, da se zmes enakomerno skuha.
e) Pekač vzamemo iz pečice in pustimo, da se zmes ohladi približno 20 minut. Ta korak je pomemben. Kuhani oreščki postanejo žvečljivi, vendar se jim hrustljavost povrne, ko se ohladijo.
f) Postrezite takoj ali shranite v nepredušni posodi do enega meseca.

61. Pečeni zelenjavni kvadratki

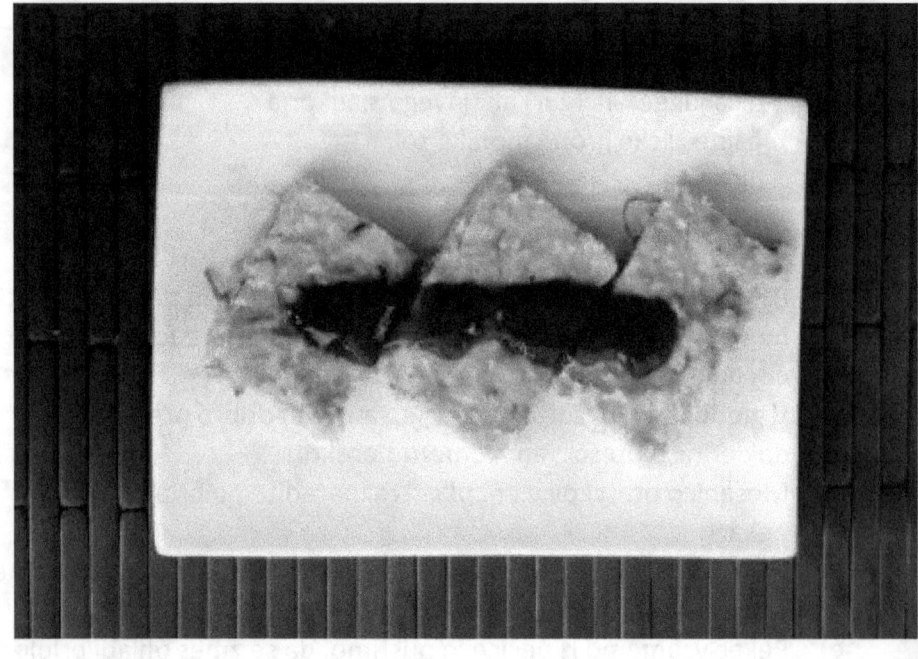

SESTAVINE:
- 2 skodelici (140 g) naribanega belega zelja (½ glave)
- 1 skodelica (100 g) naribane cvetače (¼ srednje velike glave)
- 1 skodelica (124 g) naribanih bučk
- ½ krompirja, olupljenega in naribanega
- ½ srednje velike rumene ali rdeče čebule, olupljene in narezane na kocke
- 1 kos ingverjeve korenine, olupljen in nariban ali zmlet
- 3–4 zeleni tajski, serrano ali kajenski čili, sesekljani
- ¼ skodelice (4 g) mletega svežega cilantra
- 3 skodelice (276 g) gramov (čičerikine) moke (besan)
- ½ paketa 12 unč svilenega tofuja
- 1 žlica grobe morske soli
- 1 čajna žlička kurkume v prahu
- 1 čajna žlička rdečega čilija v prahu ali kajenskega lista
- ¼ čajne žličke pecilnega praška
- ¼ skodelice (59 ml) olja

NAVODILA:
a) Postavite rešetko za pečico na srednji položaj in pečico segrejte na 350 °F (180 °C). Naoljite 10-palčni (25 cm) kvadratni pekač. Uporabite večji pekač, če želite tanjšo in bolj hrustljavo pakoro.
b) V globoki skledi zmešajte zelje, cvetačo, bučke, krompir, čebulo, ingverjevo korenino, čili in koriander.
c) Dodamo moko in počasi mešamo, da se dobro poveže. Pomaga, če uporabite roke, da vse resnično zmešate.
d) V kuhinjskem robotu, blenderju ali močnejšem blenderju zmiksajte tofu do gladkega.
e) Zelenjavni mešanici dodajte zmešan tofu, sol, kurkumo, rdeči čili v prahu, pecilni prašek in olje. Zmešajte.
f) Zmes vlijemo v pripravljen pekač.
g) Pečemo 45 do 50 minut, odvisno od tega, kako segreje se vaša pečica. Jed je končana, ko zobotrebec, ki ga zapičimo v sredino, izstopi čist.
h) Ohladimo 10 minut in narežemo na kvadrate. Postrezite s svojim najljubšim čatnijem.

62.Chai začinjeni praženi oreščki

SESTAVINE:
- 4 skodelice neslanih mešanih oreščkov
- ¼ skodelice javorjevega sirupa
- 3 žlice stopljenega kokosovega olja
- 2 žlici kokosovega sladkorja
- 3 čajne žličke mletega ingverja
- 2 čajni žlički mletega cimeta
- 2 čajni žlički mletega kardamoma
- 1 čajna žlička mletega pimenta
- 1 čajna žlička čiste vanilije v prahu
- ½ čajne žličke soli
- ¼ čajne žličke črnega popra

NAVODILA:
a) Pečico segrejte na 325 °F (163 °C). Obrobljen pekač obložite s pergamentnim papirjem in ga postavite na stran.
b) V veliki skledi za mešanje zmešajte vse sestavine razen oreščkov. Dobro premešajte, da ustvarite mešanico okusa.
c) V skledo dodajte zmešane oreščke in jih premešajte, dokler niso enakomerno prekriti z začinjeno mešanico.
d) Obložene oreščke razporedite po pripravljenem pekaču v enakomerni plasti.
e) Oreščke pečemo v predhodno ogreti pečici približno 20 minut. Ne pozabite obrniti ponve in premešati oreščkov na polovici časa praženja, da zagotovite enakomerno kuhanje.
f) Ko končate, pražene oreščke vzemite iz pečice in pustite, da se popolnoma ohladijo.
g) S čajem začinjene pražene oreščke hranite v predušni posodi pri sobni temperaturi za okusne prigrizke.

63. Namak iz pečenih jajčevcev

SESTAVINE:
- 3 srednje veliki jajčevci s kožo (veliki, okrogli, vijolični)
- 2 žlici olja
- 1 zvrhana žlička kuminovih semen
- 1 čajna žlička mletega koriandra
- 1 čajna žlička kurkume v prahu
- 1 velika rumena ali rdeča čebula, olupljena in narezana na kocke
- 1 (2-palčni [5 cm]) kos ingverjeve korenine, olupljen in nariban ali mlet
- 8 strokov česna, olupljenih in naribanih ali mletih
- 2 srednje velika paradižnika, olupljena (če je mogoče) in narezana na kocke
- 1–4 zeleni tajski, serrano ali kajenski čili, nasekljani
- 1 čajna žlička rdečega čilija v prahu ali kajenskega lista
- 1 žlica grobe morske soli

NAVODILA:
a) Postavite rešetko za pečico na drugi najvišji položaj. Brojlerja segrejte na 500 °F (260 °C). Pekač obložite z aluminijasto folijo, da se pozneje izognete neredu.
b) Jajčevce z vilicami preluknjamo (da spustijo paro) in jih položimo na pekač. Pecite 30 minut in enkrat obrnite. Ko bodo končani, bo koža na nekaterih mestih zoglenela in opečena. Pekač vzamemo iz pečice in pustimo, da se jajčevci ohladijo vsaj 15 minut. Z ostrim nožem po dolžini zarežite razcep od enega do drugega konca vsakega jajčevca in ga rahlo odprite. Izdolbite pečeno meso v notranjosti, pri čemer pazite, da se izognete pari in odstranite čim več soka. Pečeno meso jajčevca dajte v skledo – imeli boste približno 4 skodelice (948 ml).
c) V globoki, težki ponvi segrejte olje na srednje močnem ognju.
d) Dodajte kumino in kuhajte, dokler ne zacvrči, približno 30 sekund.
e) Dodajte koriander in kurkumo. Premešamo in kuhamo 30 sekund.
f) Dodamo čebulo in pražimo 2 minuti.
g) Dodamo ingverjevo korenino in česen ter kuhamo še 2 minuti.
h) Dodajte paradižnik in čili. Kuhamo 3 minute, dokler se zmes ne zmehča.
i) Dodamo meso pečenih jajčevcev in kuhamo še 5 minut, občasno premešamo, da se ne prime.
j) Dodajte rdeči čili v prahu in sol. Na tej točki morate tudi odstraniti in zavreči vse potepuške koščke zoglenelih lupin jajčevca.
k) To mešanico zmešajte s potopnim mešalnikom ali v ločenem mešalniku. Ne pretiravajte – še vedno mora biti nekaj teksture. Postrezite s popečenimi naan rezinami, krekerji ali tortiljinim čipsom. Tradicionalno ga lahko postrežete tudi z indijskim obrokom roti, leče in raite.

64. Začinjene polpete iz sladkega krompirja

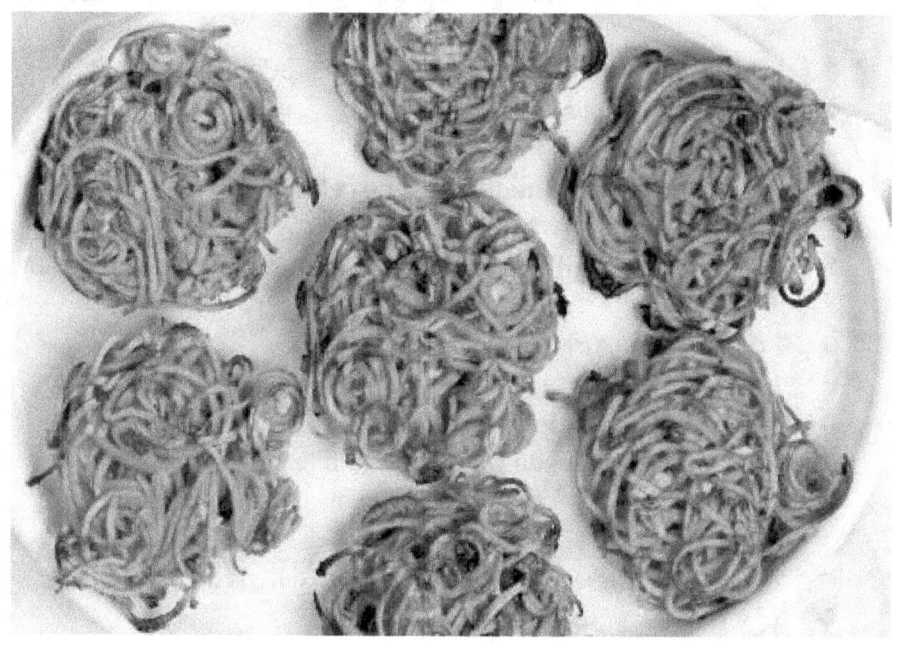

SESTAVINE:

- 1 velik sladki krompir (ali beli krompir), olupljen in narezan na rezine
- ½-palčne (13 mm) kocke (približno 4 skodelice [600 g])
- 3 žlice (45 ml) olja, razdeljeno
- 1 čajna žlička kuminovih semen
- ½ srednje velike rumene ali rdeče čebule, olupljene in na drobno narezane
- 1 (1-palčni [2,5-g]) kos ingverjeve korenine, olupljen in nariban ali mlet
- 1 čajna žlička kurkume v prahu
- 1 čajna žlička mletega koriandra
- 1 čajna žlička garam masala
- 1 čajna žlička rdečega čilija v prahu ali kajenskega lista
- 1 skodelica (145 g) graha, svežega ali zamrznjenega (najprej odtajajte)
- 1–2 zelena tajska, serrano ali kajenski čili, nasekljana
- 1 čajna žlička grobe morske soli
- ½ skodelice (46 g) gramov (čičerikine) moke (besan)
- 1 žlica limoninega soka
- Sesekljan svež peteršilj ali cilantro za okras

NAVODILA:

a) Krompir kuhajte na pari, dokler se ne zmehča, približno 7 minut. Naj se ohladi. Z rokami ali stiskalnikom krompirja ga nežno razdrobite. Na tej točki boste imeli približno 3 skodelice (630 g) pire krompirja.
b) V plitvi ponvi na srednje močnem ognju segrejte 2 žlici olja.
c) Dodajte kumino in kuhajte, dokler ne zacvrči in rahlo porjavi, približno 30 sekund.
d) Dodajte čebulo, ingverjevo korenino, kurkumo, koriander, garam masalo in rdeči čili v prahu. Kuhajte do mehkega, še 2 do 3 minute. Zmes ohladimo.
e) Ko se ohladi, dodajte mešanico krompirju, nato pa grah, zeleni čili, sol, gramsko moko in limonin sok.
f) Dobro premešajte z rokami ali veliko žlico.
g) Zmes oblikujemo v majhne polpete in jih odložimo na pladenj.
h) V veliki, težki ponvi segrejte preostalo 1 žlico olja na srednje močnem ognju. Polpete pecite v serijah po 2 do 4, odvisno od velikosti ponve, približno 2 do 3 minute na vsako stran, dokler ne porjavijo.
i) Postrezite vroče, okrašeno s sesekljanim svežim peteršiljem ali cilantrom. To polpetko lahko jeste kot sendvič, na posteljici iz zelene solate ali kot zabavno prilogo k predjedi. Mešanica bo v hladilniku zdržala približno 3 do 4 dni. Za pripravo bolj tradicionalne polpete namesto sladkega krompirja uporabite navaden krompir.

65. Sharonini sendviči z zelenjavno solato

SESTAVINE:
- 1 velik paradižnik, narezan na debele rezine
- 1 velika paprika, narezana na tanke kolobarje
- 1 velika rdeča čebula, olupljena in tanko narezana na kolobarje
- Sok 1 limone
- ½ čajne žličke grobe morske soli
- ½ čajne žličke črne soli (kala namak)

NAVODILA:
a) Na krožnik razporedite zelenjavo, najprej paradižnik, nato papriko in čebulne kolobarje na vrhu.
b) Zelenjavo potresemo z limoninim sokom, morsko in črno soljo.
c) Postrezite takoj. Sedenje na travniku pred hišo in priprava sendvičev ni obvezna.

66.Sojin jogurt Raita

SESTAVINE:
- 1 skodelica (237 ml) navadnega, nesladkanega sojinega jogurta
- 1 kumaro, olupljeno, naribano in ožeto, da odstranite odvečno vodo
- ½ čajne žličke pražene mlete kumine
- ½ čajne žličke grobe morske soli
- ½ čajne žličke črne soli (kala namak)
- ½ čajne žličke rdečega čilija v prahu
- Sok ½ limone ali limete

NAVODILA:
a) V skledi zmešajte vse sestavine. Postrezite takoj.

67. Začinjen tofu in paradižnik

SESTAVINE:

- 2 žlici olja
- 1 zvrhana jedilna žlica kuminovih semen
- 1 čajna žlička kurkume v prahu
- 1 srednje velika rdeča ali rumena čebula, olupljena in nasekljana
- 1 (2-palčni [5 cm]) kos ingverjeve korenine, olupljen in nariban ali mlet
- 6 strokov česna, olupljenih in naribanih ali mletih
- 2 srednje velika paradižnika, olupljena (neobvezno) in narezana (3 skodelice [480 g])
- 2–4 zeleni tajski, serrano ali kajenski čili, sesekljani
- 1 žlica paradižnikove paste
- 1 žlica garam masale
- 1 žlica posušenih listov piskavice (kasoori methi), rahlo zdrobljenih z roko, da sprostijo svoj okus
- 1 skodelica (237 ml) vode
- 2 žlički grobe morske soli
- 1 čajna žlička rdečega čilija v prahu ali kajenskega lista
- 2 srednji zeleni papriki, brez semen in narezani na kocke (2 skodelici)
- 2 paketa (14 unč [397 g]) ekstra čvrstega organskega tofuja, pečenega in narezanega na kocke

NAVODILA:

a) V veliki, težki ponvi segrejte olje na srednje močnem ognju.
b) Dodajte kumino in kurkumo. Kuhajte, dokler semena ne zacvrčijo, približno 30 sekund.
c) Dodajte čebulo, ingverjevo korenino in česen. Kuhajte 2 do 3 minute, dokler rahlo ne porjavi, občasno premešajte.
d) Dodajte paradižnik, čili, paradižnikovo pasto, garam masalo, triplat, vodo, sol in rdeči čili v prahu. Ogenj nekoliko zmanjšamo in odkrito dušimo 8 minut.
e) Dodamo papriko in kuhamo še 2 minuti. Dodamo tofu in nežno premešamo. Kuhajte še 2 minuti, dokler se ne segreje. Postrezite z rjavim ali belim basmati rižem, rotijem ali naanom.

68.Krompirjeva kaša iz kumine

SESTAVINE:
- 1 žlica olja
- 1 žlica kuminovih semen
- ½ čajne žličke asafetide (hing)
- ½ čajne žličke kurkume v prahu
- ½ čajne žličke manga v prahu (amchur)
- 1 manjša rumena ali rdeča čebula, olupljena in narezana na kocke
- 1 kos ingverjeve korenine, olupljen in nariban ali zmlet
- 3 veliki kuhani krompirji (poljubne vrste), olupljeni in narezani na kocke (4 skodelice [600 g])
- 1 čajna žlička grobe morske soli
- 1–2 zelena tajska, serrano ali kajenska čilija, odstranjena stebla, narezana na tanke rezine
- ¼ skodelice (4 g) mletega svežega cilantra, mletega soka ½ limone

NAVODILA:
a) V globoki, težki ponvi segrejte olje na srednje močnem ognju.
b) Dodajte kumino, asafetido, kurkumo in mango v prahu. Kuhajte, dokler semena ne zacvrčijo, približno 30 sekund.
c) Dodajte čebulo in ingverjevo korenino. Kuhajte še eno minuto in mešajte, da se ne sprime.
d) Dodamo krompir in sol. Dobro premešamo in kuhamo toliko časa, da se krompir segreje.
e) Prelijemo s čilijem, koriandrom in limoninim sokom. Postrezite kot prilogo k rotiju ali naanu ali zvito v besan poora ali dosa. To je odlično kot nadev za zelenjavni sendvič ali celo postreženo v skodelici zelene solate.

69. Krompirjeva kaša z gorčičnim semenom

SESTAVINE:
- 1 žlica split gram (chana dal)
- 1 žlica olja
- 1 čajna žlička kurkume v prahu
- 1 čajna žlička črnih gorčičnih semen
- 10 curryjevih listov, grobo narezanih
- 1 manjša rumena ali rdeča čebula, olupljena in narezana na kocke
- 3 veliki kuhani krompirji (poljubne vrste), olupljeni in narezani na kocke (4 skodelice [600 g])
- 1 čajna žlička grobe bele soli
- 1–2 zelena tajska, serrano ali kajenska čilija, odstranjena stebla, narezana na tanke rezine

NAVODILA:
a) Namočite delček v vreli vodi, medtem ko pripravljate preostale sestavine.
b) V globoki, težki ponvi segrejte olje na srednje močnem ognju.
c) Dodajte kurkumo, gorčico, curryjeve liste in odcejen mlet gram. Bodite previdni, semena rada počijo in namočena leča lahko poškropi olje, zato boste morda potrebovali pokrov. Kuhajte 30 sekund in mešajte, da se ne sprime.
d) Dodajte čebulo. Kuhajte, dokler rahlo ne porjavi, približno 2 minuti.
e) Dodamo krompir, sol in čili. Kuhamo še 2 minuti. Postrezite kot prilogo k rotiju ali naanu ali zvito v besan poora ali dosa. To je odlično kot nadev za zelenjavni sendvič ali celo postreženo v skodelici zelene solate.

70.Zelje z gorčičnimi semeni in kokosom

SESTAVINE:
- 2 žlici cele, olupljene črne leče (sabut urud dal)
- 2 žlici kokosovega olja
- ½ čajne žličke asafetide (hing)
- 1 čajna žlička črnih gorčičnih semen
- 10–12 curryjevih listov, grobo narezanih
- 2 žlici nesladkanega naribanega kokosa
- 1 srednje velika glava belega zelja, sesekljana (8 skodelic [560 g])
- 1 čajna žlička grobe morske soli
- 1–2 tajska, serrano ali kajenska čilija, odstranjena stebla, narezana po dolžini

NAVODILA:
a) Lečo namočite v vreli vodi, da se med pripravo preostalih sestavin zmehča.
b) V globoki, težki ponvi segrejte olje na srednje močnem ognju.
c) Dodamo asafetido, gorčico, odcejeno lečo, karijeve liste in kokos. Segrevajte, dokler semena ne poskočijo, približno 30 sekund. Pazimo, da ne zažgemo curryjevih listov ali kokosa. Semena lahko izskočijo, zato imejte pri roki pokrov.
d) Dodamo zelje in sol. Med rednim mešanjem kuhajte 2 minuti, dokler zelje le ne oveni.
e) Dodajte čili. Postrezite takoj kot toplo solato, hladno ali z rotijem ali naanom.

71.Stročji fižol s krompirjem

SESTAVINE:

- 1 žlica olja
- 1 čajna žlička kuminovih semen
- ½ čajne žličke kurkume v prahu
- 1 srednje velika rdeča ali rumena čebula, olupljena in narezana na kocke
- 1 kos ingverjeve korenine, olupljen in nariban ali zmlet
- 3 stroki česna, olupljeni in naribani ali mleti
- 1 srednje velik krompir, olupljen in narezan na kocke
- ¼ skodelice (59 ml) vode
- 4 skodelice (680 g) sesekljanega stročjega fižola (dolžine ½ palca [13 mm])
- 1–2 nasekljana tajska, serrano ali kajenski čili
- 1 čajna žlička grobe morske soli
- 1 čajna žlička rdečega čilija v prahu ali kajenskega lista

NAVODILA:

a) V težki, globoki ponvi segrejte olje na srednje močnem ognju.
b) Dodajte kumino in kurkumo ter kuhajte, dokler semena ne zacvrčijo, približno 30 sekund.
c) Dodajte čebulo, ingverjevo korenino in česen. Kuhajte do rahlo rjave barve, približno 2 minuti.
d) Dodamo krompir in med stalnim mešanjem kuhamo še 2 minuti. Dodajte vodo, da preprečite prijemanje.
e) Dodamo stročji fižol. Med občasnim mešanjem kuhamo 2 minuti.
f) Dodajte čili, sol in rdeči čili v prahu.
g) Ogenj zmanjšamo na srednje nizko in ponev delno pokrijemo. Kuhamo 15 minut, dokler se fižol in krompir ne zmehčata. Ugasnite ogenj in ponev pustite pokrito stati na istem gorilniku še 5 do 10 minut.
h) Postrezite z belim ali rjavim basmati rižem, rotijem ali naanom.

72. Jajčevci s krompirjem

SESTAVINE:
- 2 žlici olja
- ½ čajne žličke asafetide (hing)
- 1 čajna žlička kuminovih semen
- ½ čajne žličke kurkume v prahu
- 1 (2-palčni [5-cm]) kos ingverjeve korenine, olupljen in narezan na ½-palčne (13-mm) dolge vžigalice
- 4 stroki česna, olupljeni in grobo sesekljani
- 1 srednje velik krompir, olupljen in grobo narezan
- 1 velika čebula, olupljena in grobo narezana
- 1–3 tajski, serrano ali kajenski čili, nasekljani
- 1 velik paradižnik, grobo narezan
- 4 srednje veliki jajčevci s kožo, grobo narezani, vključno z olesenelimi konicami
- 2 žlički grobe morske soli
- 1 žlica garam masale
- 1 žlica mletega koriandra
- 1 čajna žlička rdečega čilija v prahu ali kajenskega lista
- 2 žlici sesekljanega svežega cilantra za okras

NAVODILA:
a) V globoki, težki ponvi segrejte olje na srednje močnem ognju.
b) Dodajte asafetido, kumino in kurkumo. Kuhajte, dokler semena ne zacvrčijo, približno 30 sekund.
c) Dodajte ingverjevo koreninо in česen. Med stalnim mešanjem kuhajte 1 minuto.
d) Dodajte krompir. Kuhajte 2 minuti.
e) Dodajte čebulo in čili ter kuhajte še 2 minuti, dokler rahlo ne porjavi.
f) Dodamo paradižnik in kuhamo 2 minuti. Na tej točki ste ustvarili osnovo za svojo jed.
g) Dodamo jajčevec. (Pomembno je, da ohranite olesenele konce, da lahko vi in vaši gostje kasneje žvečite okusno, mesnato sredico.)
h) Dodajte sol, garam masalo, koriander in rdeči čili v prahu. Kuhajte 2 minuti.
i) Ogenj zmanjšamo, ponev delno pokrijemo in kuhamo še 10 minut.
j) Ugasnite ogenj, ponev popolnoma pokrijte in pustite stati 5 minut, da se vsi okusi resnično premešajo. Okrasite s cilantrom in postrezite z rotijem ali naanom.

73. Osnovni zelenjavni curry

SESTAVINE:
- 250 g sesekljane zelenjave
- 1 čajna žlička olja
- ½ čajne žličke gorčičnih semen
- ½ čajne žličke semen kumine
- Ščepec asafetide
- 4-5 curryjevih listov
- ¼ čajne žličke kurkume
- ½ čajne žličke koriandra v prahu
- Ščepec čilija v prahu
- Nariban ingver
- Sveži listi koriandra
- Sladkor/jaggery in sol po okusu
- Svež ali posušen kokos

NAVODILA:
a) Zelenjavo narežite na majhne koščke (1-2 cm), odvisno od zelenjave.
b) Segrejte olje in dodajte gorčična semena. Ko popokajo, dodajte kumino, ingver in preostale začimbe.
c) Dodamo zelenjavo in kuhamo. Na tej točki lahko pražite zelenjavo, dokler ni kuhana, ali dodajte malo vode, pokrijte lonec in dušite.
d) Ko je zelenjava kuhana dodamo poljubni sladkor, sol, kokos in koriander.

74.Masala brstični ohrovt

SESTAVINE:
- 1 žlica olja
- 1 čajna žlička kuminovih semen
- 2 skodelici (474 ml) Gila Masala
- 1 skodelica (237 ml) vode
- 4 žlice (60 ml) kreme iz indijskih oreščkov
- 4 skodelice (352 g) brstičnega ohrovta, narezanega in razpolovljenega
- 1–3 tajski, serrano ali kajenski čili, nasekljani
- 2 žlički grobe morske soli
- 1 čajna žlička garam masala
- 1 čajna žlička mletega koriandra
- 1 čajna žlička rdečega čilija v prahu ali kajenskega lista
- 2 žlici sesekljanega svežega cilantra za okras

NAVODILA:
a) V globoki, težki ponvi segrejte olje na srednje močnem ognju.
b) Dodajte kumino in kuhajte, dokler semena ne zacvrčijo, približno 30 sekund.
c) Dodajte severnoindijsko paradižnikovo jušno osnovo, vodo, kremo iz indijskih oreščkov, brstični ohrovt, čili, sol, garam masalo, koriander in rdeči čili v prahu.
d) Zavremo. Ogenj zmanjšamo in odkrito dušimo 10 do 12 minut, da se brstični ohrovt zmehča.
e) Okrasite s cilantrom in postrezite z rjavim ali belim basmati rižem ali z rotijem ali naanom.

75. Pesa z gorčičnimi semeni in kokosom

SESTAVINE:
- 1 žlica olja
- 1 čajna žlička črnih gorčičnih semen
- 1 srednje velika rumena ali rdeča čebula, olupljena in narezana na kocke
- 2 žlički mlete kumine
- 2 žlički mletega koriandra
- 1 čajna žlička južnoindijske masale
- 1 žlica nesladkanega, nastrganega kokosa
- 5–6 majhnih pese, olupljene in narezane na kocke (3 skodelice [408 g])
- 1 čajna žlička grobe morske soli
- 1½ [356 ml] skodelice vode

NAVODILA:
a) V močni ponvi segrejte olje na srednje močnem ognju.
b) Dodajte gorčična semena in kuhajte, dokler ne zacvrčijo, približno 30 sekund.
c) Dodajte čebulo in kuhajte, dokler rahlo ne porjavi, približno 1 minuto.
d) Dodajte kumino, koriander, južnoindijsko masalo in kokos. Kuhajte 1 minuto.
e) Dodamo peso in kuhamo 1 minuto.
f) Dodajte sol in vodo. Zavremo, zmanjšamo ogenj, pokrijemo in pustimo vreti 15 minut.
g) Ogenj ugasnemo in ponev pokrito pustimo stati 5 minut, da se jed navzame vseh okusov. Postrezite z rjavim ali belim basmati rižem ali z rotijem ali naanom.

76.Naribana buča Masala

SESTAVINE:
- 2 žlici olja
- 2 žlički kuminovih semen
- 2 žlički mletega koriandra
- 1 čajna žlička kurkume v prahu
- 1 večja buča ali buča (katera koli zimska ali poletna buča bo primerna), olupljena in naribana (8 skodelic [928 g])
- 1 (2-palčni [5 cm]) kos ingverjeve korenine, olupljen in narezan na vžigalice (⅓ skodelice [32 g])
- 1 čajna žlička grobe morske soli
- 2 žlici vode Sok 1 limone
- 2 žlici sesekljanega svežega cilantra

NAVODILA:
a) V globoki, težki ponvi segrejte olje na srednje močnem ognju.
b) Dodajte kumino, koriander in kurkumo. Kuhajte, dokler semena ne zacvrčijo, približno 30 sekund.
c) Dodajte bučo, ingverjevo korenino, sol in vodo. Kuhajte 2 minuti in dobro premešajte.
d) Ponev pokrijemo in ogenj zmanjšamo na srednje nizko. Kuhajte 8 minut.
e) Dodajte limonin sok in koriander. Postrezite z rotijem ali naanom ali storite tako kot jaz in postrezite na popečenem angleškem muffinu, ki ga potresete s tanko narezanimi obročki rumene ali rdeče čebule.

77.Prasketanje Okra

SESTAVINE:
- 2 žlici olja
- 1 čajna žlička kuminovih semen
- 1 čajna žlička kurkume v prahu
- 1 velika rumena ali rdeča čebula, olupljena in zelo grobo narezana
- 1 kos ingverjeve korenine, olupljen in nariban ali zmlet
- 3 stroki česna, olupljeni in sesekljani, mleti ali naribani
- 2 funta bamije, oprane, posušene, obrezane in narezane
- 1–2 nasekljana tajska, serrano ali kajenski čili
- ½ čajne žličke manga v prahu
- 1 čajna žlička rdečega čilija v prahu ali kajenskega lista
- 1 čajna žlička garam masala
- 2 žlički grobe morske soli

NAVODILA:
a) V globoki, težki ponvi segrejte olje na srednje močnem ognju. Dodajte kumino in kurkumo. Kuhajte, dokler semena ne začnejo cvrčati, približno 30 sekund.
b) Dodajte čebulo in kuhajte, dokler ne porjavi, 2 do 3 minute. To je ključni korak za mojo bamijo. Veliki, debeli kosi čebule morajo po celem porjaveti in rahlo karamelizirati. To bo okusna osnova za končno jed.
c) Dodajte ingverjevo korenino in česen. Kuhajte 1 minuto, občasno premešajte.
d) Dodajte okra in kuhajte 2 minuti, dokler okra ne postane svetlo zelena .
e) Dodajte čili, mango v prahu, rdeči čili v prahu, garam masalo in sol. Med občasnim mešanjem kuhamo 2 minuti.
f) Ogenj zmanjšamo na nizko in ponev delno pokrijemo. Kuhajte 7 minut, občasno premešajte.
g) Ugasnite ogenj in prilagodite pokrov tako, da v celoti pokrije lonec. Pustite stati 3 do 5 minut, da se vsi okusi prepojijo.
h) Okrasite s cilantrom in postrezite z rjavim ali belim basmati rižem, rotijem ali naanom.

78. Začinjena zelena juha

SESTAVINE:
- 2 žlici olja
- 1 čajna žlička kuminovih semen
- 2 lista kasije
- 1 srednje velika rumena čebula, olupljena in grobo narezana
- 1 kos ingverjeve korenine, olupljen in nariban ali zmlet
- 10 strokov česna, olupljenih in grobo sesekljanih
- 1 majhen krompir, olupljen in grobo narezan
- 1–2 zelena tajska, serrano ali kajenski čili, nasekljana
- 2 skodelici (290 g) graha, svežega ali zamrznjenega
- 2 skodelici (60 g) pakiranega sesekljanega zelenja
- 6 skodelic vode
- ½ skodelice (8 g) sesekljanega svežega cilantra
- 2 žlički grobe morske soli
- ½ čajne žličke mletega koriandra
- ½ čajne žličke pražene mlete kumine
- Sok ½ limone
- Krutoni, za okras

NAVODILA:
a) V globokem, težkem loncu za juho segrejte olje na srednje močnem ognju.
b) Dodajte semena kumine in liste kasije ter segrevajte, dokler semena ne zacvrčijo, približno 30 sekund.
c) Dodajte čebulo, ingverjevo korenino in česen. Kuhajte še 2 minuti, občasno premešajte.
d) Dodamo krompir in kuhamo še 2 minuti.
e) Dodajte čili, grah in zeleno. Kuhajte 1 do 2 minuti, dokler zelenje ne oveni.
f) Dodajte vodo. Zavremo, zmanjšamo ogenj in pustimo vreti nepokrito 5 minut.
g) Dodajte koriander.
h) Odstranite liste kasije ali lovorja in jih zmešajte s potopnim mešalnikom.
i) Juho vrnemo v lonec. Dodamo sol, koriander in mleto kumino. Juho vrnemo, da zavre. Dodajte limonin sok.

79. Krompirjev, cvetačni in paradižnikov kari

SESTAVINE:
- 2 srednje velika krompirja, narezana na kocke
- 1 1/2 skodelice cvetače, narezane na cvetove
- 3 paradižnike, narezane na velike kose
- 1 čajna žlička olja
- 1 čajna žlička gorčičnih semen
- 1 čajna žlička kuminovih semen
- 5-6 curryjevih listov
- Ščepec kurkume - neobvezno
- 1 čajna žlička naribanega ingverja
- Sveži listi koriandra
- Svež ali posušen kokos – nastrgan

NAVODILA:

a) Segrejte olje in dodajte gorčična semena. Ko popokajo, dodajte preostale začimbe in kuhajte 30 sekund.

b) Dodajte cvetačo, paradižnik in krompir ter malo vode, pokrijte in med občasnim mešanjem dušite, dokler ni kuhano. Dodamo kokos, sol in liste koriandra.

80. Začinjena juha iz leče

SESTAVINE:
- 1 skodelica rdeče leče (masoor dal), oprane in namočene
- 1 čebula, drobno sesekljana
- 1 paradižnik, sesekljan
- 1 korenček, narezan na kocke
- 1 steblo zelene, sesekljano
- 2 stroka česna, nasekljana
- 1-palčni ingver, nariban
- 1 čajna žlička kuminovih semen
- 1 čajna žlička kurkume v prahu
- 1 čajna žlička koriandra v prahu
- 1/2 čajne žličke rdečega čilija v prahu
- Sol po okusu
- 4 skodelice zelenjavne ali piščančje juhe
- Listi svežega koriandra za okras

NAVODILA:
a) V loncu segrejemo olje in dodamo semena kumine. Ko zabrusijo, dodamo sesekljano čebulo, česen in ingver.
b) Pražite, dokler čebula ne postekleni, nato dodajte sesekljan paradižnik, kurkumo v prahu, koriander v prahu in rdeči čili v prahu.
c) Dodamo namočeno lečo, na kocke narezano korenje, zeleno in sol. Dobro premešaj.
d) Prilijemo juho in juho zavremo. Dušimo, dokler se leča in zelenjava ne zmehčata.
e) Pred serviranjem okrasite s svežimi listi koriandra.

81. Paradižnikova in kuminova juha

SESTAVINE:
- 4 veliki paradižniki, narezani
- 1 čebula, sesekljana
- 2 stroka česna, nasekljana
- 1 čajna žlička kuminovih semen
- 1/2 čajne žličke rdečega čilija v prahu
- 1/2 čajne žličke sladkorja
- Sol po okusu
- 4 skodelice zelenjavne juhe
- Listi svežega koriandra za okras

NAVODILA:
a) V loncu segrejemo olje in dodamo semena kumine. Ko zabrusijo, dodamo sesekljano čebulo in česen.
b) Pražite, dokler čebula ni zlato rjava, nato dodajte sesekljan paradižnik, rdeči čili v prahu, sladkor in sol.
c) Kuhajte, dokler paradižniki niso mehki in mehki.
d) Prilijemo zelenjavno juho in juho zavremo.
e) Pred serviranjem okrasite s svežimi listi koriandra.

82. Začinjena bučna juha

SESTAVINE:
- 2 skodelici buče, narezane na kocke
- 1 čebula, sesekljana
- 2 stroka česna, nasekljana
- 1-palčni ingver, nariban
- 1 čajna žlička kuminovih semen
- 1/2 čajne žličke koriandra v prahu
- 1/2 čajne žličke cimeta v prahu
- Ščepec muškatnega oreščka
- Sol in poper po okusu
- 4 skodelice zelenjavne juhe
- 1/2 skodelice kokosovega mleka
- Svež cilantro za okras

NAVODILA:
a) V loncu segrejemo olje in dodamo semena kumine. Ko zabrusijo, dodamo sesekljano čebulo, česen in ingver.
b) Pražite, dokler čebula ne postekleni, nato dodajte na kocke narezano bučo, koriander v prahu, cimet v prahu, muškatni orešček, sol in poper.
c) Kuhamo nekaj minut, nato zalijemo z zelenjavno juho in dušimo, da se buča zmehča.
d) Juho zmiksajte do gladkega, vrnite v lonec in vmešajte kokosovo mleko.
e) Pred serviranjem okrasite s svežim cilantrom.

83. Začinjen paradižnik Rasam

SESTAVINE:
- 2 velika paradižnika, narezana
- 1/2 skodelice izvlečka tamarinde
- 1 čajna žlička gorčičnih semen
- 1 čajna žlička kuminovih semen
- 1/2 čajne žličke črnega popra
- 1/2 čajne žličke kurkume v prahu
- 1/2 čajne žličke rasama v prahu
- Ščepec asafetide (hing)
- Curry listi
- Listi koriandra za okras
- Sol po okusu

NAVODILA:
a) V loncu segrejemo olje in dodamo gorčična semena. Ko se razpršijo, dodajte semena kumine, črni poper in liste karija.
b) Dodajte sesekljan paradižnik, kurkumo v prahu, rasam v prahu, asafetido in sol. Kuhajte, dokler se paradižnik ne zmehča.
c) Prilijemo izvleček tamarinde in rasam zavremo. Dušimo nekaj minut.
d) Pred serviranjem okrasite s koriandrovimi listi.

84.Juha iz koriandra in mete

SESTAVINE:
- 1 skodelica svežih listov koriandra
- 1/2 skodelice svežih listov mete
- 1 čebula, sesekljana
- 2 stroka česna, nasekljana
- 1 čajna žlička kuminovih semen
- 1/2 čajne žličke koriandra v prahu
- 1/2 čajne žličke črnega popra
- 4 skodelice zelenjavne juhe
- Sol po okusu
- Limonine rezine za serviranje

NAVODILA:
a) V loncu segrejemo olje in dodamo semena kumine. Ko zabrusijo, dodamo sesekljano čebulo in česen.
b) Pražite, dokler čebula ne postekleni, nato dodajte sveže liste koriandra, liste mete, koriander v prahu, črni poper in sol.
c) Kuhamo nekaj minut, nato zalijemo z zelenjavno juho in dušimo, da se zelišča zmehčajo.
d) Juho zmešajte, dokler ni gladka, jo vrnite v lonec in po potrebi prilagodite začimbe.
e) Postrezite s stiskanjem limone.

85. Bučni curry s pikantnimi semeni

SESTAVINE:
- 3 skodelice buče – narezane na 1–2 cm velike kose
- 2 žlici olja
- ½ žlice gorčičnih semen
- ½ žlice kuminovih semen
- Ščepec asafetide
- 5-6 curryjevih listov
- ¼ jedilna žlica semen piskavice
- 1/4 žlice semen komarčka
- 1/2 žličke naribanega ingverja
- 1 žlica tamarind paste
- 2 žlici suhega, mletega kokosa
- 2 žlici praženih mletih arašidov
- Sol in rjavi sladkor ali jaggery po okusu
- Sveži listi koriandra

NAVODILA:

a) Segrejte olje in dodajte gorčična semena. Ko popokajo, dodajte kumino, triplat, asafetido, ingver, curryjeve liste in koromač. Kuhajte 30 sekund.

b) Dodamo bučo in sol. Dodajte tamarindovo pasto ali vodo s pulpo v notranjosti. Dodajte jaggery ali rjavi sladkor. Dodamo mleti kokos in arašide v prahu. Kuhajte še nekaj minut. Dodamo nasekljan svež koriander.

86. Tamarind ribji kari

SESTAVINE:
- 1 1/2 funtov bele ribe, narezane na koščke
- 3/4 čajne žličke in 1/2 čajne žličke kurkume v prahu
- 2 čajni žlički pulpe tamarinde, namočeni v 1/4 skodelice vroče vode 10 minut
- 3 žlice rastlinskega olja
- 1/2 čajne žličke semen črne gorčice
- 1/4 čajne žličke semen piskavice
- 8 svežih curryjevih listov
- velika čebula, mleto
- Serrano zeleni čili, brez semen in zmlet
- majhni paradižniki, narezani
- 2 posušena rdeča čilija, grobo pretlačena
- 1 čajna žlička koriandrovih semen, grobo pretlačenih
- 1/2 skodelice nesladkanega posušenega kokosa
- Namizna sol, po okusu
- 1 skodelica vode

NAVODILA:
a) Ribe položite v skledo. Dobro zdrgnite s 3/4 čajne žličke kurkume in pustite za približno 10 minut. Izperite in posušite.
b) Tamarindo precedite in tekočino odstavite. Ostanke zavrzite.
c) V veliki ponvi segrejte rastlinsko olje. Dodajte gorčična semena in semena triplata. Ko začnejo škropiti, dodajte karijeve liste, čebulo in zelene čilije. Pražite 7 do 8 minut oziroma dokler čebula dobro ne porjavi.
d) Dodajte paradižnik in kuhajte še 8 minut oziroma dokler se olje ne začne ločevati od sten zmesi. Dodajte preostalo 1/2 čajne žličke kurkume, rdeče čilije, koriandrova semena, kokos in sol; dobro premešamo in kuhamo še 30 sekund.
e) Dodamo vodo in precejen tamarind; zavrite. Znižajte ogenj in dodajte ribe. Na majhnem ognju kuhamo 10 do 15 minut oziroma toliko časa, da je riba popolnoma kuhana. Postrezite toplo.

87. Losos v kariju z okusom žafrana

SESTAVINE:
- 4 žlice rastlinskega olja
- 1 velika čebula, drobno sesekljana
- žlička ingver-česnove paste
- 1/2 čajne žličke rdečega čilija v prahu
- 1/4 čajne žličke kurkume v prahu
- žličke koriandra v prahu
- Namizna sol, po okusu
- 1-kilogramski losos, brez kosti in
- na kocke
- 1/2 skodelice navadnega jogurta, stepenega
- 1 čajna žlička praženega žafrana

NAVODILA:

a) V veliki ponvi proti prijemanju segrejte rastlinsko olje. Dodajte čebulo in jo pražite 3 do 4 minute ali dokler ni prozorna. Dodajte ingverjevo-česnovo pasto in pražite 1 minuto.

b) Dodajte rdeči čili v prahu, kurkumo, koriander in sol; dobro premešaj. Dodajte lososa in ga pražite 3 do 4 minute. Dodajte jogurt in zmanjšajte ogenj. Dušimo, dokler se losos ne skuha. Dodamo žafran in dobro premešamo. Kuhajte 1 minuto. Postrezite toplo.

88. Okra Curry

SESTAVINE:
- 250 g bamije (ženske prsti) – narezane na cm velike kose
- 2 žlici naribanega ingverja
- 1 žlica gorčičnih semen
- 1/2 žlice kuminih semen
- 2 žlici olja
- Sol po okusu
- Ščepec asafetide
- 2-3 žlice praženih arašidov v prahu
- Listi koriandra

NAVODILA:
a) Segrejte olje in dodajte gorčična semena. Ko popokajo, dodajte kumino, asafetido in ingver. Kuhajte 30 sekund.
b) Dodajte okra in sol ter mešajte, dokler ni kuhano. Dodajte arašide v prahu, kuhajte še 30 sekund.
c) Postrezite s koriandrovimi listi.

89. Zelenjavni kokosov curry

SESTAVINE:
- 2 srednje velika krompirja, narezana na kocke
- 1 1/2 skodelice cvetače – narezane na cvetove
- 3 paradižnike, narezane na velike kose
- 1 žlica olja
- 1 žlica gorčičnih semen
- 1 žlica kuminovih semen
- 5-6 curryjevih listov
- Ščepec kurkume - neobvezno
- 1 žlica naribanega ingverja
- Sveži listi koriandra
- Sol po okusu
- Svež ali posušen kokos – nastrgan

NAVODILA:

a) Segrejte olje in dodajte gorčična semena. Ko popokajo, dodajte preostale začimbe in kuhajte 30 sekund.

b) Dodajte cvetačo, paradižnik in krompir ter malo vode, pokrijte in med občasnim mešanjem dušite, dokler ni kuhano. Nekaj tekočine mora ostati. Če želite suh curry, potem pražite nekaj minut, dokler voda ne izhlapi.

c) Dodamo kokos, sol in liste koriandra.

90. Zelje Curry

SESTAVINE:
- 3 skodelice zelja - nastrganega
- 1 čajna žlička olja
- 1 čajna žlička gorčičnih semen
- 1 čajna žlička kuminovih semen
- 4-5 curryjevih listov
- Ščepec kurkume r neobvezno
- 1 čajna žlička naribanega ingverja
- Sveži listi koriandra
- Sol po okusu
- Neobvezno - ½ skodelice zelenega graha

NAVODILA:

a) Segrejte olje in dodajte gorčična semena. Ko popokajo, dodajte preostale začimbe in kuhajte 30 sekund.

b) Dodajte zelje in drugo zelenjavo, če jo uporabljate, občasno premešajte, dokler ni popolnoma kuhana. Po potrebi lahko dodamo vodo.

c) Solimo po okusu in dodamo liste koriandra.

91.Cvetačni kari

SESTAVINE:
- 3 skodelice cvetače – narezane na cvetove
- 2 paradižnika - narezana
- 1 čajna žlička olja
- 1 čajna žlička gorčičnih semen
- 1 čajna žlička kuminovih semen
- Ščepec kurkume
- 1 čajna žlička naribanega ingverja
- Sveži listi koriandra
- Sol po okusu
- Svež ali posušen kokos – nastrgan

NAVODILA:
a) Segrejte olje in dodajte gorčična semena. Ko popokajo, dodajte preostale začimbe in kuhajte 30 sekund. Če uporabljate, na tej točki dodajte paradižnik in kuhajte 5 minut.
b) Dodamo cvetačo in malo vode, pokrijemo in med občasnim mešanjem dušimo, dokler ni popolnoma kuhana. Če želite bolj suh curry, potem v zadnjih nekaj minutah odstranite pokrov in prepražite. Zadnjih nekaj minut dodajte kokos.

92. Cvetačni in krompirjev kari

SESTAVINE:
- 2 skodelici cvetače – narezane na cvetove
- 2 srednje velika krompirja, narezana na kocke
- 1 čajna žlička olja
- 1 čajna žlička gorčičnih semen
- 1 čajna žlička kuminovih semen
- 5-6 curryjevih listov
- Ščepec kurkume - neobvezno
- 1 čajna žlička naribanega ingverja
- Sveži listi koriandra
- Sol po okusu
- Svež ali posušen kokos – nastrgan
- Limonin sok - po okusu

NAVODILA:
a) Segrejte olje in dodajte gorčična semena. Ko popokajo, dodajte preostale začimbe in kuhajte 30 sekund.
b) Dodajte cvetačo in krompir ter malo vode, pokrijte in med občasnim mešanjem dušite, dokler ni skoraj kuhan.
c) Odstranite pokrov in pražite, dokler se zelenjava ne skuha in voda ne izhlapi.
d) Dodamo kokos, sol, liste koriandra in limonin sok.

93. Bučni kari

SESTAVINE:
- 3 skodelice buče – narezane na 1–2 cm velike kose
- 2 žlički olja
- ½ čajne žličke gorčičnih semen
- ½ čajne žličke semen kumine
- Ščepec asafetide
- 5-6 curryjevih listov
- ¼ čajne žličke semen piskavice
- 1/4 čajne žličke semen komarčka
- 1/2 čajne žličke naribanega ingverja
- 1 čajna žlička tamarind paste
- 2 žlici suhega, mletega kokosa
- 2 žlici praženih mletih arašidov
- Sol in rjavi sladkor ali jaggery po okusu
- Sveži listi koriandra

NAVODILA:
a) Segrejte olje in dodajte gorčična semena. Ko popokajo, dodajte kumino, triplat, asafetido, ingver, curryjeve liste in koromač. Kuhajte 30 sekund.
b) Dodamo bučo in sol.
c) Dodajte tamarindovo pasto ali vodo s pulpo v notranjosti. Dodajte jaggery ali rjavi sladkor.
d) Dodamo mleti kokos in arašide v prahu. Kuhajte še nekaj minut.
e) Dodamo nasekljan svež koriander.

94. Premešajte zelenjavo

SESTAVINE:
- 3 skodelice sesekljane zelenjave
- 2 čajni žlički naribanega ingverja
- 1 čajna žlička olja
- ¼ čajne žličke asafetide
- 1 žlica sojine omake
- Sveža zelišča

NAVODILA:
a) V ponvi segrejemo olje. Dodajte asafetido in ingver. Pražimo 30 sekund.
b) Dodajte zelenjavo, ki se najdlje kuha, na primer krompir in korenček. Pražimo minuto in nato prilijemo malo vode, pokrijemo in dušimo do polovice.
c) Dodajte preostalo zelenjavo, kot so paradižnik, sladka koruza in zelena paprika. Dodajte sojino omako, sladkor in sol. Pokrijemo in dušimo skoraj do kuhanja.
d) Odstranite pokrov in pražite še nekaj minut.
e) Dodajte sveža zelišča in pustite nekaj minut, da se zelišča premešajo z zelenjavo.

95.Paradižnikov curry

SESTAVINE:
- 250 g paradižnika – narezanega na palčne koščke
- 1 čajna žlička olja
- ½ čajne žličke gorčičnih semen
- ½ čajne žličke semen kumine
- 4-5 curryjevih listov
- Ščepec kurkume
- Ščepec asafetide
- 1 čajna žlička naribanega ingverja
- 1 krompir – kuhan in pretlačen – po želji – za zgostitev
- 1 do 2 žlici praženih arašidov v prahu
- 1 žlica suhega kokosa - neobvezno
- Sladkor in sol po okusu
- Listi koriandra

NAVODILA:
a) Segrejte olje in dodajte gorčična semena. Ko popokajo, dodajte kumino, karijeve liste, kurkumo, asafetido in ingver. Kuhajte 30 sekund.
b) Dodajte paradižnik in občasno mešajte, dokler ni kuhan. Za bolj tekoč curry lahko dodamo vodo.
c) Dodajte pražene arašide v prahu, sladkor, sol in kokos, če uporabljate, ter pire krompir. Kuhajte še eno minuto. Postrezite s svežimi listi koriandra.

96. Curry iz bele buče

SESTAVINE:
- 250 gramov bele buče
- 1 čajna žlička olja
- ½ čajne žličke gorčičnih semen
- ½ čajne žličke semen kumine
- 4-5 curryjevih listov
- Ščepec kurkume
- Ščepec asafetide
- 1 čajna žlička naribanega ingverja
- 1 do 2 žlici praženih arašidov v prahu
- Rjavi sladkor in sol po okusu

NAVODILA:

a) Segrejte olje in dodajte gorčična semena. Ko popokajo, dodajte kumino, karijeve liste, kurkumo, asafetido in ingver. Kuhajte 30 sekund.

b) Dodamo belo bučo, malo vode, pokrijemo in med občasnim mešanjem dušimo, dokler ni kuhano.

c) Dodamo pražene arašide, sladkor in sol ter kuhamo še eno minuto.

97. Mešanica zelenjave in curryja iz leče

SESTAVINE:
- ¼ skodelice toor ali mung dal
- ½ skodelice zelenjave – narezane
- 1 skodelica vode
- 2 žlički olja
- ½ čajne žličke semen kumine
- ½ čajne žličke naribanega ingverja
- 5-6 curryjevih listov
- 2 paradižnika - narezana
- Limona ali tamarinda po okusu
- Jaggery po okusu
- ½ soli ali po okusu
- Sambhar masala
- Listi koriandra
- Svež ali posušen kokos

NAVODILA:
a) Kuhajte skupaj toor dal in zelenjavo v loncu na pritisk 15-20 minut (1 piščalka) ali v loncu.
b) V ločeni ponvi segrejte olje in dodajte semena kumine, ingver in liste karija. Dodamo paradižnik in kuhamo 3-4 minute.
c) Dodajte mešanico sambhar masala in mešanico zelenjave dal.
d) Kuhajte skupaj minuto in nato dodajte tamarindo ali limono, jaggery in sol. Vreti še 2-3 minute. Okrasite s kokosom in koriandrom

98. Ananasovo-ingverjev sok

SESTAVINE:
- 2 skodelici koščkov ananasa
- 1-palčni kos lokalnega ingverja, nariban
- 1 skodelica vode
- Sok 1 limete
- Med ali sladilo po želji
- Ledene kocke

NAVODILA
a) V mešalniku zmešajte koščke ananasa, nariban ingver, vodo, limetin sok in med.
b) Mešajte, dokler ni gladka in dobro združena.
c) Okusite in prilagodite sladkost in kislost po želji.
d) Napolnite kozarce z ledenimi kockami in ledu prelijte ananasov in ingverjev sok.
e) Nežno premešajte in pustite, da se ohladi nekaj minut.
f) Ananasovo-ingverjev sok postrezite hladen za osvežilno in pikantno pijačo.

99. Sok iz pasijonke

SESTAVINE:
- 8-10 zrelih pasijonk
- 4 skodelice vode
- Sladkor ali med po okusu
- Ledene kocke

NAVODILA
a) Pasijonke prerežite na pol in izdolbite pulpo v mešalnik.
b) Dodajte vodo v mešalnik.
c) Nekaj sekund mešajte pri visoki hitrosti, dokler se pulpa in voda dobro ne premešata.
d) Precedite sok v vrč, da odstranite semena.
e) Dodajte sladkor ali med po okusu in dobro premešajte, dokler se ne raztopi.
f) Napolnite kozarce z ledenimi kockami in čez led prelijte sok pasijonke.
g) Nežno premešajte in pustite, da se ohladi nekaj minut.
h) Sok pasijonke postrezite hladen in uživajte v njegovih tropskih in ostrih okusih.

100. Tilapia Fry

SESTAVINE:
- 2 srednje veliki ribi tilapija, očiščeni in z luskami
- 1 čajna žlička kurkume v prahu
- 1 čajna žlička paprike
- 1 čajna žlička mlete kumine
- 1 čajna žlička mletega koriandra
- 1 čajna žlička česna v prahu
- 1 čajna žlička ingverja v prahu
- 1 čajna žlička soli ali po okusu
- Rastlinsko olje za cvrtje
- Limonine rezine za serviranje
- Sveži listi koriandra za okras (neobvezno)

NAVODILA

a) Ribe tilapije sperite pod hladno vodo in jih posušite s papirnatimi brisačkami.
b) V majhni skledi zmešajte kurkumo v prahu, papriko, mleto kumino, mleti koriander, česen v prahu, ingver v prahu in sol, da dobite mešanico začimb.
c) Z mešanico začimb vtrite ribo tilapijo, tako da prekrije obe strani in zaide v zareze na ribi za boljši prodor okusa. Pustite ribe marinirati približno 15-30 minut, da se okusi prepojijo.
d) V veliki ponvi ali ponvi na srednje močnem ognju segrejte rastlinsko olje.
e) Ko se olje segreje, eno za drugo marinirano ribo tilapijo previdno položite v ponev. Bodite previdni, da ne prenatrpate ponve.
f) Ribe cvremo približno 4-5 minut na vsaki strani oziroma dokler ne postanejo zlato rjave in pečene. Čas kuhanja se lahko razlikuje glede na velikost in debelino ribe.
g) Ko so ribe pečene, jih odstranite iz ponve in odcedite na krožniku, obloženem s papirnato brisačo, da odstranite odvečno olje.
h) Postopek ponovite z vsemi preostalimi ribami in po potrebi dodajte več olja v ponev.
i) Pred serviranjem ribo stisnite z nekaj svežega limoninega soka za dodatno pikantnost. Po želji okrasite s svežimi listi koriandra.

ZAKLJUČEK

Ko zaključujemo naše okusno popotovanje po »Ultimatna Otoška Kuharska Knjiga«, upamo, da ste izkusili čarobnost in raznolikost otoške kuhinje v udobju svoje kuhinje. Vsak recept na teh straneh je poklon bogati paleti okusov, ki opredeljujejo otoke v Indijskem, Atlantskem in Tihem apău – praznovanje edinstvene kulinarične tradicije, živahnih sestavin in darovosti morij.

Ne glede na to, ali ste uživali v toplini curryja s kokosom, se prepustili svežini morskih sadežev na žaru ali uživali v sladkosti sladice iz tropskega sadja, verjamemo, da vas je teh 100 receptov popeljalo v osrčje otoškega življenja. Poleg sestavin in tehnik naj se duh otoškega življenja zadržuje v vaši kuhinji in vas navdihne, da svoje obroke prepojite z okusi, tradicijo in veselim duhom, ki opredeljujejo to kulinarično izkušnjo.

Ko nadaljujete z raziskovanjem raznolikega sveta otoške kuhinje, naj bo " Ultimatna Otoška Kuharska Knjiga " vaš spremljevalec, ki vas bo vodila po otokih Indijskega, Atlantskega in Tihega apăa ter vam ponudila okus kulinaričnih zakladov, ki jih ponuja vsaka regija. Tukaj je, da uživate v živahnih in edinstvenih okusih življenja na otoku – dober tek!

www.ingramcontent.com/pod-product-compliance
Lightning Source LLC
Chambersburg PA
CBHW071822110526
44591CB00011B/1181